# 日本語
# おしゃべりのたね
## 第2版

西口光一
［監修］
●
澤田幸子・武田みゆき・福家枝里・三輪香織
［著］

スリーエーネットワーク

Published by 3A Corporation.
Trusty Kojimachi Bldg., 2F, 4, Kojimachi 3-Chome, Chiyoda-ku, Tokyo 102-0083, Japan

ISBN978-4-88319-585-5 C0081

First published 2006
Second Edition 2011
Printed in Japan

# はじめに

日本に在住する外国人の数は増加の一途をたどっており、地域の市民による日本語支援活動の重要性がますます高まっています。従来よりこうした市民による日本語活動では、日本語の教え方などを勉強していない人でも外国人の日本語学習に寄り添い支援することができるような活動が可能な日本語教材が長く望まれていました。しかし、現在までのところそのような教材はありませんでした。本書『日本語 おしゃべりのたね』はまさにそのような日本語学習活動支援教材です。

教室での一斉授業で日本語を教えるのではなく、一対一のような状況で日本語学習を支援する場合は、日本語の文法や語彙を一つずつ教えていくという方法は必ずしも有効な方法ではないでしょう。むしろ、各々の学習者の言語活動にしっかりと寄り添って、その中で日本語の言葉や表現法を増やし洗練していくという方法が、実施することも容易であるし、また学習支援の点でも有効であると思います。そのような状況を構成するためには、まず学習者と学習支援者である日本語ボランティアとの間で、学習者の日本語に寄り添いながら活発な「おしゃべり」（気楽な会話）を引き起こすことが必要です。

本書は親しみやすい話題で相手に分かりやすい日本語でおしゃべりを引き起こす「おしゃべりのたね」です。本書では、誰もが興味が持てるような話題を20選び、それらをテーマとして各課を構成しています。各ページにはおしゃべりが誘発されるように写真やイラストや図表などがたくさんちりばめられています。学習者と学習支援者は本書で提示される「おしゃべりのたね」に沿って会話をスタートすることで、学習者の日本語に寄り添った楽しくて活発なおしゃべりに自然に入っていくことができます。そして、おしゃべりの途中で相手の言うことが分からなかったら、双方とも自然に、聞き返したり、言い直したり、もっとやさしい言葉で言い換えたりするでしょう。そのようなおしゃべりと、おしゃべりの中で意思疎通を達成しようとする活動が、これまでの「日本語を学ぶ/教える」という方法よりもはるかに有効な日本語学習の機会を提供するでしょう。またこのような活動は学習支援者のほうにも、言葉が十分できない人に優しく接する態度を身につけ、外国人にも分かりやすい日本語が話せるようになるという効果をもたらします。

本書を活用して日本語交流活動をすることで、地域の日本語教室に参加する外国人と一般市民が本当に対等な関係を取り結びつつ、語学的な面でも成果を上げ、また相互交流の面でも有効な成果を上げて、皆が平等で対等な人間として尊重される多文化共生社会へと社会を導いていく力になることができたら、こんなに素敵なことはありません。

2006年6月　西口光一

## 改訂にあたって

生活というのは、仕事をしたり、買い物に行ったり、家事や子育てをしたりするなどの実際的な生活活動だけではありません。ほかの人と交わってあれこれ話をすることも、人の生活の重要な部分です。市民による日本語支援活動は、そのような機会を地域に暮らす外国人と日本人の市民に提供するべき場所だと思います。そして、日本語で話しながら参加者みんなが楽しい時間を過ごして、その結果として、外国人参加者は日本語力を伸ばすことができ、参加者はみんな日本や外国の事情や人々の暮らしぶりなどについて知識を深め視野を広められるような場となることができればすばらしいと思います。『日本語　おしゃべりのたね』は、そのような形の日本語支援活動が実現できるようにとの趣旨で作成された教材です。出版以来本書は、そのような趣旨を多くの方にご理解いただき、現在では地域日本語活動で活用される重要な教材の一つになっています。

今回の改訂では、各ユニットで使用されている資料のデータを、各々の元の資料に基づいて更新をしました。また、その資料の部分及び若干のその他の部分について、よりシンプルにし使いやすくしました。別冊の「手引き」においても、データを更新し、一部について、活動の要領がよりすっきりわかるように、またもっとうまくおしゃべりが引き出せるように書き直しました。

地域の日本語支援活動が、地域の外国人の方にとっても、また活動に参加する日本人市民の方にとっても、ますます楽しくかつ有意義な場となることを祈っています。

2011年9月　西口光一

# 目次

## [本文]

# このテキストを使ってくださる みなさんへ

## 【こんなテキストです —— 対象者・構成・内容】

### ■ どんなテキストですか？

—— 地域の日本語教室で学ぶ外国人学習者（以下、学習者）とそのパートナーである日本語ボランティア（以下、ボランティア）が、楽しくおしゃべりしながらお互いのことを知ったり、日本語のことばや言い方を学んだりするためのテキストです。文法を覚えたり、決められた会話を練習したりするのではなく、学習者に「おしゃべり」という形で、実際のコミュニケーションを体験してもらうことを目指しています。

日本語教室だけでなく、日本語教育機関でのコミュニケーション活動や、外国人との交流活動の素材としても使うことができます。

### ■ このテキストが使えるのは、どのくらい日本語が話せる学習者ですか？

—— 主に、日本語で簡単なことを質問したり、日常生活上の身近な話題について話したりできる学習者を対象にしています。地域日本語教室では、初級、中級というようなレベル分けは合理的ではありませんが、ひとつの目安として言うなら、おおよそ初級後半から使うことができます。中・上級の学習者ならより深い話ができるでしょう。

### ■ 2人以上の学習者と活動するとき、学習者の日本語レベルが違っていても使えますか？

—— このテキストは、ボランティア1人（あるいは2人）に学習者1人〜3人という少人数で使うことを想定していますが、学習者の日本語力に多少差があっても使うことができます。学習者はそれぞれ自分の持っている日本語力でおしゃべりに参加できるようになっています。

## ■ どんな内容で、全体の構成はどうなっていますか？

**＜本文＞**

**① 20のユニット**

――― 食べ物や旅行の話からごみ問題まで、身近で興味の持てる話題を集めました。１つのユニットはいくつかの **おしゃべりのたね** で構成されています。 **おしゃべりのたね** にはおしゃべりを進めていくための質問が書いてあります。表やグラフ、クイズなども含まれます。クイズの答えはそのユニットの最後のページにあります。各ユニットの最後に **活動ノート** **使える会話** があります。

また、このテキストでは、日本語の文型をきちんと勉強したいという学習者のために、 **おしゃべりのたね** の中と **使える会話** に初級後半の文型を取り込み、欄外に **文型** マークで示しました。１つのユニットに１～３文型、全部で40の文型を取り上げています。

**② お茶の時間 のページ**

――― 役に立つ情報やゲームのページです。気軽に楽しんでください。

**③ 日本語文法への入り口**

――― 日本語の文法を勉強したことがない学習者のために、文法の初歩を紹介しています。

**④ ユニットに出てくる文型**

――― テキストの中で取り上げた文型と例文を載せています。

**＜別冊＞**

**① 「ユニット1～20」の活動の手引き**

――― ユニット１～20の活動の目的、用意しておくもの、活動のヒント・ポイントが書いてあります。

**② 「日本語文法への入り口」の活動の手引き**

――― 活動の目的、活動のヒント・ポイントが書いてあります。

## 【こんなふうに使ってください —— このテキストを活用した交流活動の進め方】

### ■ ユニット1から順番にやっていくんですか？

——— どのユニットから始めてもかまいません。ユニットは1回完結型、順不同です。1つのユニットはおおよそ90分～120分でできるようになっていますが、おしゃべりが弾んで全部終わらなかったとか、話が思わぬほうへ発展してしまったとかいうことがあってもかまいません。90分～120分はひとつの目安と考えてください。

### ■ 1つのユニットはどのように進めていけばいいのですか？

**＜おしゃべりの準備＞**

——— ユニットの最初に短い文章があります。「おもしろそう」とユニットのテーマに興味を持ってもらうのが目的です。学習者といっしょに読んでください。学習者が読むのが難しければ、ボランティアが読んで、学習者に聞いてもらってもいいです。

読みながら、両者がユニットのテーマについて背景知識を共有し、「きょうはこんなおしゃべりをするんだな」と気持ちの準備をします。

**おしゃべりのたね**

**＜おしゃべりのたね＞**

——— テキストに書いてある質問をしながら、おしゃべりを進めていきます。質問はできるだけやさしいことばで書きましたが、学習者がわからなければ別のことばで言い換えてください。学習者がことばに詰まったときは手助けします。

テキストの質問は3種類あります。

 …ボランティアと学習者がお互いに聞いたり、答えたりする質問

 …ボランティアが聞いて、学習者が答える質問

 …学習者が聞いて、ボランティアが答える質問

ボランティアがいつも質問し、学習者はいつも答える側という一方通行にならないようにします。学習者に、とは自ら質問するよう促してください。

イラストの吹き出しに書いてあるのは答えの例です。質問の意図がわかりにくかったり、どう答えていいかわからないとき、ヒントにしてください。

文型 1

### <文型>

――― 質問に対する答えが‘例’として示され、欄外に **文型** マークがあるところは、「質問に答えるとき、‘例’で示された文型が使えます、使ってみましょう」という意味です。できればそのように学習者に促してください。ただし、これは‘必ず’ということではありません。学習者の自由な発話を阻まないよう、学習者のレベルやニーズに応じて取り入れてください。

**ユニットに出てくる文型** に文型と例文がありますから、興味のある人は勉強してもいいでしょう。

活動ノート

### <活動ノート>

――― 最後に、その日の活動の内容を短い文章にまとめて書いてもらいます。学習者が書くのが難しい場合は、学習者に聞きながらボランティアが書いてもかまいません。活動の記録になると同時に、学習者が教室以外の場所や場面で‘自分のこと’を話すときに役に立ちます。1行でも2行でもかまいません。

使える会話

### <使える会話>

――― ユニットのテーマに関連した短い会話です。教室内の活動を、教室の外でのコミュニケーションにつなげることを意図しています。また覚えておけば便利な会話の表現（ゴシック体の部分）や文型が含まれています。役割を決めて練習してみてください。

## 【「活動の手引き」を役立ててください】

### ■「活動の手引き」は前もって読んでおくんですか？

———活動のまえに読んでおくと、より充実した活動ができるでしょう。「活動の手引き」には次のことが書かれています。

**＜こんな活動です＞**

———どうしてそのテーマを取り上げたのか、その理由と活動の目的が書いてあります。そのユニットで何をするのか、おおよそ頭の中に入れておいてください。

**＜用意しておこう＞**

———おしゃべりのきっかけになる「もの」があれば、お互いに話しやすく、また活動に変化が生まれます。「活動の手引き」には活動に必要なもの、できれば用意してほしいものが書いてあります。そのほかにも身の回りにあるいろいろなものを教室に持ち込んで活動しましょう。

**＜活動のヒント・ポイント＞**

———おしゃべりの発展のさせ方のヒント、役に立つ情報、注意することが書いてあります。ここを読めば、ボランティア経験の浅い人でもうまくおしゃべりを進めていくことができます。

このテキストが、日本語ボランティアのみなさんの活動に役立ち、さまざまな国の人がお互いに理解を深めていけることを願っています。

最後に、このテキスト作成に当たって、試用にご協力いただいた日本語教室のボランティア、学習者のみなさんに厚くお礼申し上げます。また、編集の過程で有益なご助言をいただいた大阪大学の西口光一先生、出版にご尽力いただいたスリーエーネットワークの菊川綾子さんに心から感謝いたします。

著者一同

北川（日本人）

武田（日本人）

## ●ボランティアのみなさんへ

# おしゃべりのまえに 心にとめておきたい *5* つのこと

**その1**　やさしいことばを使って短い文で話しましょう。

**その2**　ことばだけでなく、いろいろな方法を使ってコミュニケーションしましょう。

**その3**　上手な聞き役になりましょう。

**その4**　「相手のこと」を聞くには、「わたしのこと」を話しましょう。

**その5**　先入観や固定観念を捨て、相手の視点に立って考えてみましょう。

三輪（日本人）

えり（日本人）

**その1**：「日本語を日本語に翻訳する」つもりで。やさしく話された日本語をたくさん聞くことは学習者にとってもいい練習になる。

**その2**：身振り、手振り、絵をかく、実物を見せる、辞書を使う……。「ことばがあまりわからなくてもコミュニケーションできた！」という達成感と安心感を学習者に持ってもらうことが大切。

**その3**：学習者が話すのを手助けしながら熱心に聞こう。学習者の話を先取りせず、言い終わるまで待とう。学習者が話す機会を多く作ることが大切。

**その4**：学習者に質問するばかりではなく、自分のことも話そう。‘わたし’から話せば、相手も話しやすくなる。

**その5**：ボランティアと学習者の関係は「教える側」と「教えられる側」ではない。わたしたちも学習者から学ぶことはたくさんある。そのためには先入観や固定観念を捨てよう。

げんた（日本人）

## ●学習者のみなさんへ

張（中国人）

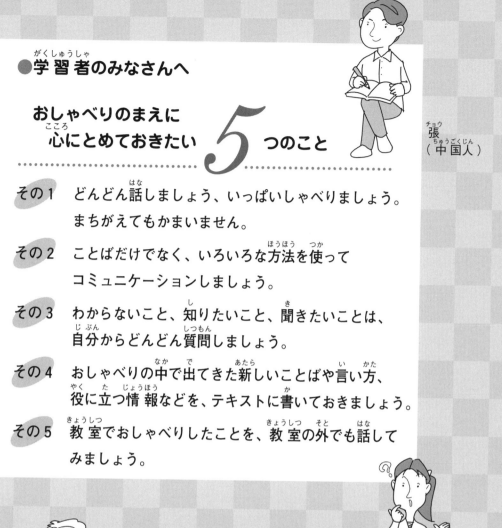

### おしゃべりのまえに 心にとめておきたい 5 つのこと

**その1**　どんどん話しましょう、いっぱいしゃべりましょう。まちがえてもかまいません。

**その2**　ことばだけでなく、いろいろな方法を使ってコミュニケーションしましょう。

**その3**　わからないこと、知りたいこと、聞きたいことは、自分からどんどん質問しましょう。

**その4**　おしゃべりの中で出てきた新しいことばや言い方、役に立つ情報などを、テキストに書いておきましょう。

**その5**　教室でおしゃべりしたことを、教室の外でも話してみましょう。

パク（韓国人）

ポール（アメリカ人）

マリア（ブラジル人）

# (………… ユニット1～20 …………)

ハイ
ハイ

●ユニット

# 1 はじめまして

日本語教室は「人と人の出会いの場」です。ここには、いろいろな国の人がいます。そして、日本語でおしゃべりしたり、字を勉強したりしています。あなたもこの教室でたくさん友達を作ってください。まず、「はじめまして」と声をかけて、自己紹介をしましょう。

## おしゃべりのたね 1 あいさつをする

初めて会った人と相手の国のことばであいさつしましょう。
**「はじめまして。△△です。どうぞよろしくお願いします。」**

1）あなたの国のことばでどう言いますか。ボランティアに教えましょう。

ラズリシーチェ　プリッターヴィッツァ。ミニャザヴットゥ　ナターシャ。プラシュー　ヴァーシヴァ　ラスパラジェーニヤ。
ラズ、ラズリシーチェ…
プリ、プリッターヴィッツァ…


ナターシャさん（ロシア）　北川さん

2）あいさつカードを作りましょう。相手の国の字を教えてもらって、その字で自分のカードを書いてください。

はじめまして。
ナターシャです。
どうぞよろしく
おねがいします。

Разрешите
представиться.
Меня зовут Наташа.
Прошу Вашего
расположения.

3）互いに相手の国のことばであいさつして、カードを交換しましょう。

はじめまして…
ラズリシーチェ

## おしゃべりのたね 2 名前を伝える

あなたの名前の発音は、日本人にわかりやすいですか。

電話で自分の名前を言ったとき、相手（日本人）が聞き取れなかったことがありますか。

［漢字を説明する］

‘チュン’は「春」という字、‘ファ’は「桜の花」の「花」です。

李春花さん

［発音を説明する］

○×の‘まる’、てんぷらの‘てん’、マルテンです。

Martijn さん

------------------------------ → ------------------------------

（あなたの名前）　　　　（日本語での読み方）

漢字の説明／発音の説明

------------------------------------------------------------

------------------------------------------------------------

------------------------------------------------------------

------------------------------------------------------------

## おしゃべりのたね 3 名前について話す

あなたの名前はだれがつけましたか。

名前に何か意味がありますか。

例）わたしの名前はダグワドルジです。
ドルジはモンゴル語で
「強くて固い」という意味です。

元気に育ってね。
元太

文型 1

ニックネームがありますか。

あなたの国では、どんな名字が多いですか。
どんな名前が多いですか。

佐藤さん
ハイ
ハイ
ハイ


同じ名字や名前の人が2人いるとき、
どう呼びますか。

## おしゃべりのたね4 自己紹介する

自己紹介しましょう。

仕事　趣味　好きなもの
嫌いなもの　得意なこと　家族
名前の意味　いつ日本へ来たか……

文型2

例）わたしは漫画をかくのが
得意です。
怖い映画を見るのが好き
です。

日本では結婚するとき、
女の人が名字を変えることが
多いです。あなたの国では
どうですか。

木村 大翔さん　　木村さくらさん
（旧姓高橋）

あまり親しくない人に次のことを聞いてもいいですか。

- おいくつですか
- 結婚していますか
- 子どもはいますか
- 恋人はいますか
- お仕事は何ですか
- 給料はいくらぐらいですか

日本人によく聞かれる質問がありますか。
どんな質問ですか。

サッカー
サッカー
サッカーの話
ばかり…。
サッカーが好きですか?
サッカー
サッカー、好き?

## 活動ノート 自己紹介を書きましょう。

------------------------------------------------------------

------------------------------------------------------------

------------------------------------------------------------

------------------------------------------------------------

## 使える会話 引っ越しのあいさつをする

[三輪さんの家の玄関で]

| | |
|---|---|
| | ピンポーン♪ |
| 三輪： | はーい。**どちら様ですか。** |
| ポール： | きのう、お隣へ引っ越してきた者です。 |

……………………

| | |
|---|---|
| ポール： | はじめまして。Paul と申します。きのうこちらへ引っ越して来ました。どうぞよろしくお願いします。 |
| 三輪： | パウ…。 |
| ポール： | ポールです。ぱぴぷぺポールです。 |
| 三輪： | ポールさん。**こちらこそ**どうぞよろしく。 |
| ポール： | あの、これ、引っ越しのごあいさつです。どうぞ。 |
| 三輪： | ご丁寧にありがとうございます。 |
| ポール： | **いいえ。**じゃ、失礼します。 |

●ユニット 2

# いただきまーす

健康のために、毎日の食事はとても大切です。家族や友達とおしゃべりしながら食事するのは楽しいですね。食事の大切さ、楽しさはどこの国でも同じですが、食事の習慣は国によっていろいろです。日本人はどんな食生活をしているのでしょうか。あなたの国ではどうですか。

## おしゃべりのたね 1 朝ごはん 昼ごはん 晩ごはん

1）朝ごはん

下の写真は日本人の朝ごはんの例です。

［写真１］の食べ物の名前を知っていますか。

「ごはん食」を食べたことがありますか。

［写真１］ごはん食

［写真２］パン食

文型 3 ごはんとパンとどちらが好きですか。

けさは何を食べましたか。

朝ごはん、
食べないなあ。

朝ごはんは何をよく食べますか。どうしてですか。

国では朝ごはんはどんなものを食べますか。

粥と油条（揚げパン） 中国

2）昼ごはん

次の人はどこで昼ごはんを食べますか。

| | あなたの国 | 日本 |
|---|---|---|
| 小学生 | | |
| 中学生 | | |
| 高校生、大学生 | | |
| 会社員<br>働いている人 | | |
| 主婦 | | |

いつもどこで昼ごはんを食べますか。

3）晩ごはん

家族でいっしょに晩ごはんを食べますか。

晩ごはんのメニューは家族全員同じですか。

晩ごはんの時間はどのくらいですか。

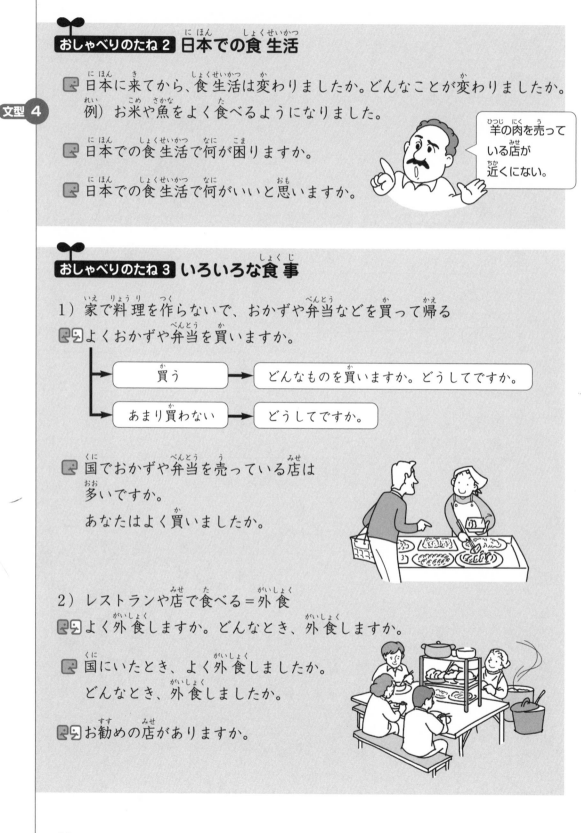

## おしゃべりのたね 2 日本での食生活

文型 4

日本に来てから、食生活は変わりましたか。どんなことが変わりましたか。

例）お米や魚をよく食べるようになりました。

日本での食生活で何が困りますか。

日本での食生活で何がいいと思いますか。

羊の肉を売っている店が近くにない。

## おしゃべりのたね 3 いろいろな食事

1）家で料理を作らないで、おかずや弁当などを買って帰る

よくおかずや弁当を買いますか。

- 買う → どんなものを買いますか。どうしてですか。
- あまり買わない → どうしてですか。

国でおかずや弁当を売っている店は多いですか。
あなたはよく買いましたか。

2）レストランや店で食べる＝外食

よく外食しますか。どんなとき、外食しますか。

国にいたとき、よく外食しましたか。
どんなとき、外食しましたか。

お勧めの店がありますか。

**活動ノート**

日本(にほん)での食生活(しょくせいかつ)でいいと思(おも)うことを書(か)きましょう。

---

**使える会話** ごはんのおかわりを断(ことわ)る

［友達(ともだち)の家(いえ)で］

えり：　張(チョウ)さん、ごはん、もう一杯(いっぱい)**いかがですか**。

張(チョウ)：　いいえ、**もうけっこうです**。十分(じゅうぶん)**いただきました**。

えり：　じゃ、コーヒーでもいれましょうか。

張(チョウ)：　ええ、ありがとうございます。

　　すきやき、おいしかったです。どうもごちそうさまでした。

お茶の時間

**ことばさがしゲーム**

『たて・よこ・ななめ』で、カタカナことばを探(さが)してみましょう。いくつ見(み)つけられますか。（答(こた)えは126ページ）

| | | | | | | |
|---|---|---|---|---|---|---|
| ア | ル | ミ | サ | ッ | シ | |
| ル | コ | ッ | プ | イ | ャ | コ |
| バ | ジ | コ | レ | モ | ン | ル |
| イ | ャ | ｜ | ゼ | セ | プ | ク |
| ト | ズ | ラ | ン | サ | ｜ | ラ |
| ト | マ | ト | ト | ズ | ル | ス |

●ユニット 3

# ちょっと買い物に

毎日買い物に行きますか。食べ物やいろいろな生活用品をどこで買っていますか。町には大きいデパートから小さいコンビニまで、いろいろな種類の店があります。どこで何が安いか、どの店が品質がいいか、みんなで情報交換して、買い物上手になりましょう。

## おしゃべりのたね 1 いろいろな店

文型 5

家の近くに下の絵の店がありますか。何という店ですか。

例）郵便局の前に「十字屋」という小さいスーパーがあります。

その店はどうですか。

あなたの国の店とどんなところが違いますか。

¥100
100円ショップ
スーパーマーケット
デパート
セール
ディスカウントストア
ホームセンター
24
コンビニ
魚屋・八百屋・〇〇屋
「サクラスーパー」はきれいで品物もいいけど、高いです。
「やおはち」は野菜が新鮮です。

次の方法で買い物したことがありますか。何を買いましたか。どうでしたか。

通信販売・
オンラインショッピング
共同購入
COOP
COOP
移動販売

## おしゃべりのたね 2 わたしの買い物

次のものはどこで買いますか。

- 米
- 野菜
- パン
- ビール
- トイレットペーパー
- 靴
- 贈り物
- 雑誌
- 音楽ＣＤ
- テレビ
- 靴下
- 文房具
- シャンプー

キムチはいつも
ツルカメストアで
買っています。

お勧めの店がありますか。

買ってよかったもの、失敗だったものがありますか。

3日しか…

手に入りにくいもの（食べ物、着る物など）はどうしていますか。

32cmの
靴
国から送って
もらいます。

## おしゃべりのたね 3 コンビニのサービス

下のグラフを見てください。コンビニではいろいろなサービスをしています。

**利用したことがあるサービス（40代以上　複数回答　%）**

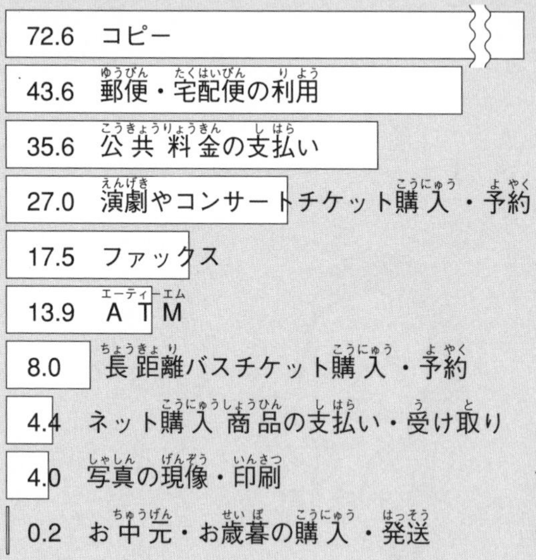
72.6 コピー
43.6 郵便・宅配便の利用
35.6 公共料金の支払い
27.0 演劇やコンサートチケット購入・予約
17.5 ファックス
13.9 ATM
8.0 長距離バスチケット購入・予約
4.4 ネット購入商品の支払い・受け取り
4.0 写真の現像・印刷
0.2 お中元・お歳暮の購入・発送

コンビニのいろいろなサービスを利用したことがありますか。

→ はい
- どんなサービスを利用しましたか。
- どうしてですか。

→ いいえ
- どうしてですか。

いつでもガス料金が払えるから助かります。

あなたの国にもコンビニがありますか。日本のコンビニと同じですか。いろいろなサービスをしていますか。

上のグラフのサービスのほかに、どんなサービスがあったらいいと思いますか。

こんな看板を見たことがありますか。

スーパーやコンビニの入り口にあります。

こども110番

困ったときや危ないときはコンビニの人に言うのよ。

## 活動ノート

お勧めの店を友達に教えてあげましょう。店の名前や場所、どんな店か、その店のいいところは何か、など書いてください。

## 使える会話 買った商品を取り替えてもらう

［電気屋で］

店員：　いらっしゃいませ。

マリア：　あのう、このドライヤー、先週こちらで買ったばかりなんですが、熱風が出てこないんです。　文型6

線が切れているようなんですが……。　文型7

店員：　**それは申し訳ございません。**

お取り替えいたします。レシートはお持ちですか。

マリア：　ええ。（レシートを見せる）

店員：　**はい、けっこうです。**

じゃ、こちら、新しいのとお取り替えします。

●ユニット 4

# ジェスチャーで伝えよう

ことばはとても大切なコミュニケーションの手段ですが、わたしたちはことば以外に表 情やジェスチャーでもいろいろなことを伝え合っています。日本人がよく使うジェスチャーの意味がわかって自分でも使えるようになると、もっとコミュニケーションが広がります。上手にジェスチャーを使いながら、どんどん話しましょう。

## おしゃべりのたね 1 いろいろなジェスチャー

ボランティアやほかの国の人とやってみましょう。

次のことばをジェスチャーで表してください。

・食べます　・飲みます　・掃除します　・電話します

ジェスチャーは、みんな同じでしたか。

### 1）日本人のジェスチャー

**クイズ** 次の日本人のジェスチャーはどんな意味ですか。

①
②
③
④
⑤
⑥

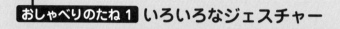

a．お金
b．こっちへ来て
c．ちょっと前を失礼します
d．だめです
e．わたし
f．違います
　わかりません

- 日本人のジェスチャーで「意味がわからない」「変だ」と思うジェスチャーがありますか。
- クイズのａ～ｆは、あなたの国ではどんなジェスチャーですか。

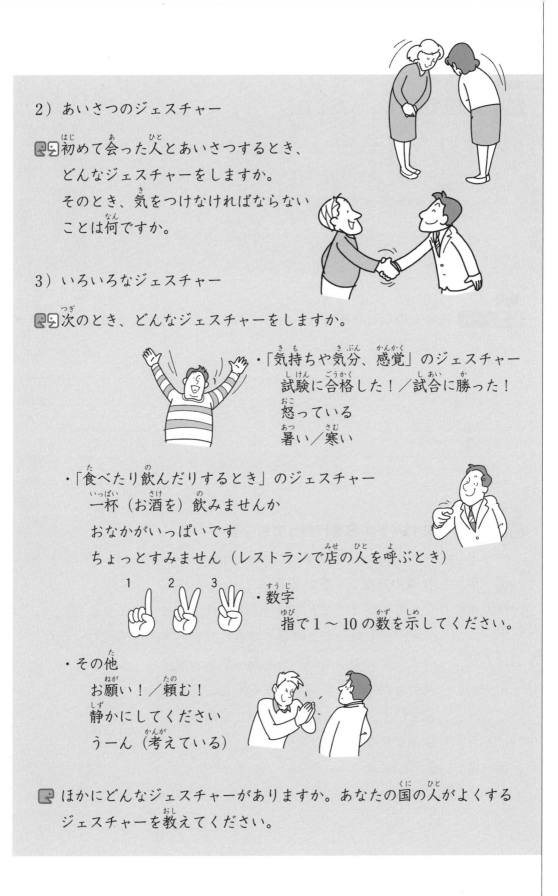

2）あいさつのジェスチャー

初めて会った人とあいさつするとき、
どんなジェスチャーをしますか。
そのとき、気をつけなければならない
ことは何ですか。

3）いろいろなジェスチャー

次のとき、どんなジェスチャーをしますか。

・「気持ちや気分、感覚」のジェスチャー
試験に合格した！／試合に勝った！
怒っている
暑い／寒い

・「食べたり飲んだりするとき」のジェスチャー
一杯（お酒を）飲みませんか
おなかがいっぱいです
ちょっとすみません（レストランで店の人を呼ぶとき）

1
2
3

・数字
指で 1 ～ 10 の数を示してください。

・その他
お願い！／頼む！
静かにしてください
うーん（考えている）

ほかにどんなジェスチャーがありますか。あなたの国の人がよくするジェスチャーを教えてください。

## おしゃべりのたね 2 ちょっと注意

しないほうがいい動作や、してはいけない動作がありますか。

文型 8 例）日本では、座って目上の人と話すとき、
足を組まないほうがいいです。

文型 9 例）タイでは、子どもの頭をなでてはいけません。

## 活動ノート

日本人のジェスチャーや動作でおもしろいと思うもの、変だと思うものを書きましょう。

## 使える会話 アルバイトの日を代わってもらう

ポール：　来週の日曜日、**空いてる？**
げんた：　ううん。バスケットの試合を見に行こうと思ってるんだ。
ポール：　アルバイトの日を土曜日と日曜日、代わってもらえないかな。
文型 10 げんた：　いやだよ。もうチケットも買ってあるし。
ポール：　国からガールフレンドが来るんだ。
　　　　　お願い！　頼む！（手を合わせて頼む）
げんた：　**しょうがないなあ。**
ポール：　ありがとう！

クイズの答え：①b ②e ③a ④c ⑤d ⑥f

お茶の時間

## じゃんけん

「じゃんけん」は出した手の形で勝負を決める遊びです。

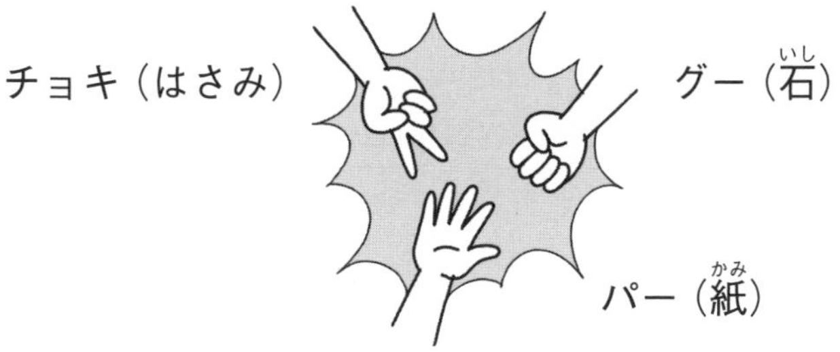
チョキ（はさみ）
グー（石）
パー（紙）

かけ声と遊び方

① 2人で声を合わせて「じゃんけん、ぽん」とかけ声をかけます。
「ぽん」で前に手を出します。

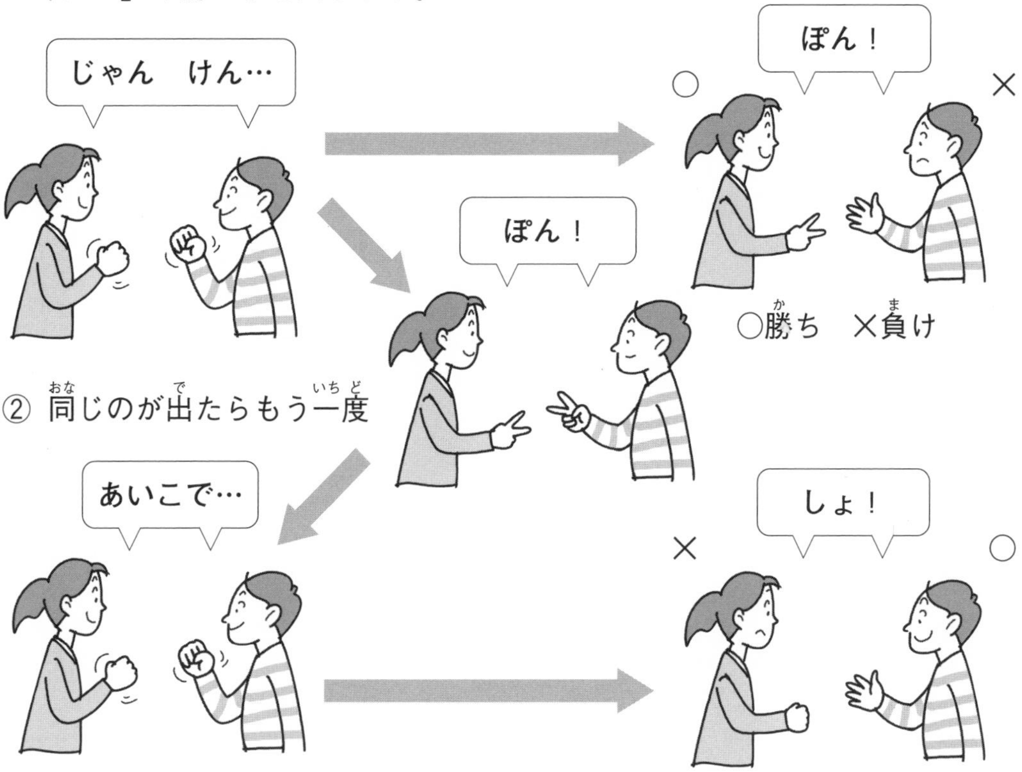
じゃん　けん…
ぽん！
ぽん！
○勝ち　×負け
あいこで…
しょ！

② 同じのが出たらもう一度

あなたの国のじゃんけんを教えてください。

●ユニット 5

# 旅行大好き

127～129ページの地図を見てください。日本にはきれいな所、いい所がたくさんあります。日本へ来てから、どこかへ旅行しましたか。世界地図を見てください。世界は広いですね。行ってみたい国がありますか。今まで行った旅行の楽しい思い出や失敗談、一度行ってみたい所など、旅行についていろいろ話しましょう。

## おしゃべりのたね 1 旅行の思い出

今までにどこへ行きましたか。
地図に○ 印を書きましょう。

7月22日　友達と北京で

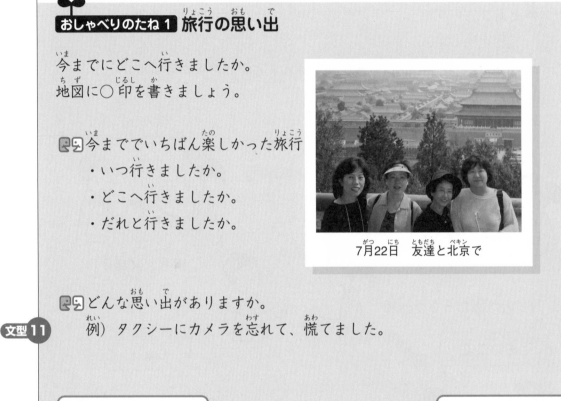

今まででいちばん楽しかった旅行

- いつ行きましたか。
- どこへ行きましたか。
- だれと行きましたか。

どんな思い出がありますか。

文型11

例）タクシーにカメラを忘れて、慌てました。

おもしろかった　よかった
うれしかった　楽しかった
おいしかった

困った　びっくりした
大変だった　疲れた
怖かった　失敗した

## おしゃべりのたね 2 旅行したい！

どこへ行きたいですか。地図に☆印を書きましょう。

行きたいなぁ

いちばん行きたい所はどこですか。

例）京都へ行ってみたいです。

・だれと行きたいですか。

・何をしたいですか。

文型12

旅行に行きたいけれど、行けないときがありますか。

それはどうしてですか。

例）時間もないし、お金もないし、

それに赤ちゃんもいますから。

文型13

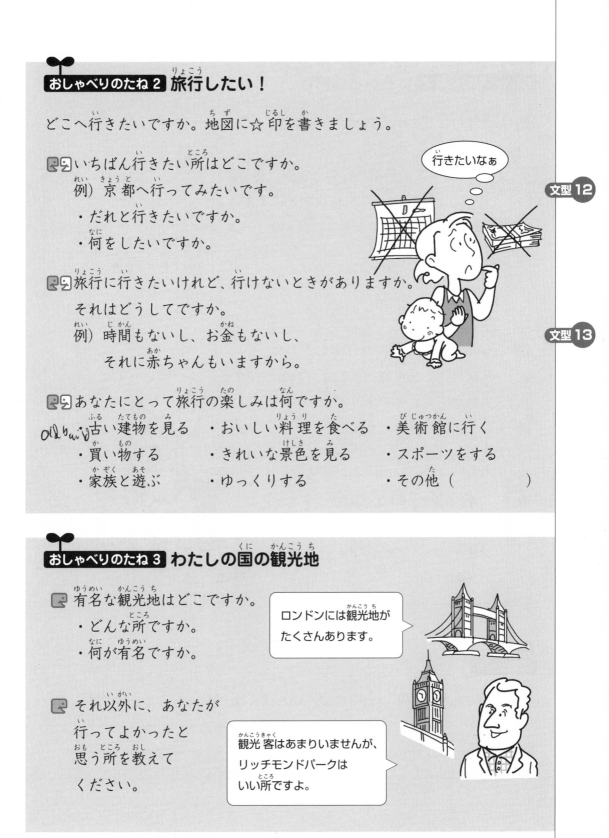

あなたにとって旅行の楽しみは何ですか。

| | | |
|---|---|---|
| ・古い建物を見る | ・おいしい料理を食べる | ・美術館に行く |
| ・買い物する | ・きれいな景色を見る | ・スポーツをする |
| ・家族と遊ぶ | ・ゆっくりする | ・その他（　　　　） |

## おしゃべりのたね 3 わたしの国の観光地

有名な観光地はどこですか。

・どんな所ですか。

・何が有名ですか。

ロンドンには観光地がたくさんあります。

それ以外に、あなたが行ってよかったと思う所を教えてください。

観光客はあまりいませんが、リッチモンドパークはいい所ですよ。

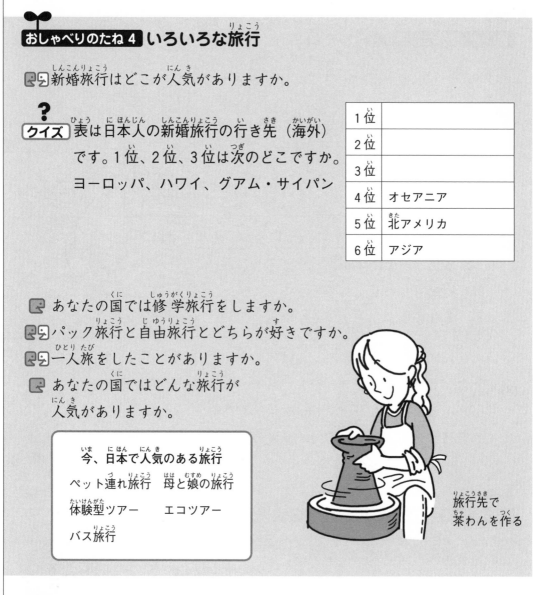

## おしゃべりのたね 4 いろいろな旅行

新婚旅行はどこが人気がありますか。

**クイズ** 表は日本人の新婚旅行の行き先（海外）です。1位、2位、3位は次のどこですか。
ヨーロッパ、ハワイ、グアム・サイパン

| | |
|---|---|
| 1位 | |
| 2位 | |
| 3位 | |
| 4位 | オセアニア |
| 5位 | 北アメリカ |
| 6位 | アジア |

あなたの国では修学旅行をしますか。

パック旅行と自由旅行とどちらが好きですか。

一人旅をしたことがありますか。

あなたの国ではどんな旅行が人気がありますか。

**今、日本で人気のある旅行**

ペット連れ旅行　母と娘の旅行

体験型ツアー　エコツアー

バス旅行

旅行先で茶わんを作る

### 活動ノート

今まで行った旅行の思い出の中で、いちばん楽しかったことを書きましょう。

## 使える会話　ホテルの部屋を予約する

［電話で］

受付係：　はい。海の浜ホテルでございます。

張：　予約、お願いします。大人３人、７月23日から２泊、海側の和室をお願いしたいんですが……。

受付係：　申し訳ございません。その日はあいにく海側の部屋は空いておりません。

張：　そうですか……。

受付係：　山側のお部屋でもよろしいでしょうか。

張：　ええ、**かまいません**。

受付係：　申し訳ございません。では、お名前、電話番号をお願いします。

### お茶の時間

### 「様子」を表すことば

① あしたから旅行
楽しみだなぁ。

②
海でのんびりして、
町をぶらぶら…
わくわく
わくわく

③
わくわく
ああ、眠れない。
わくわく

④ 次の日
寝坊した！

⑤
間に合うかな。
いらいら
いらいら

⑥
遅かったじゃない。
ぎりぎり間に合った。

⑦
あっ、スーツケースを忘れた！


クイズの答え：1位　ハワイ　2位　ヨーロッパ　3位　グアム・サイパン

●ユニット 6

# ペットと暮らす

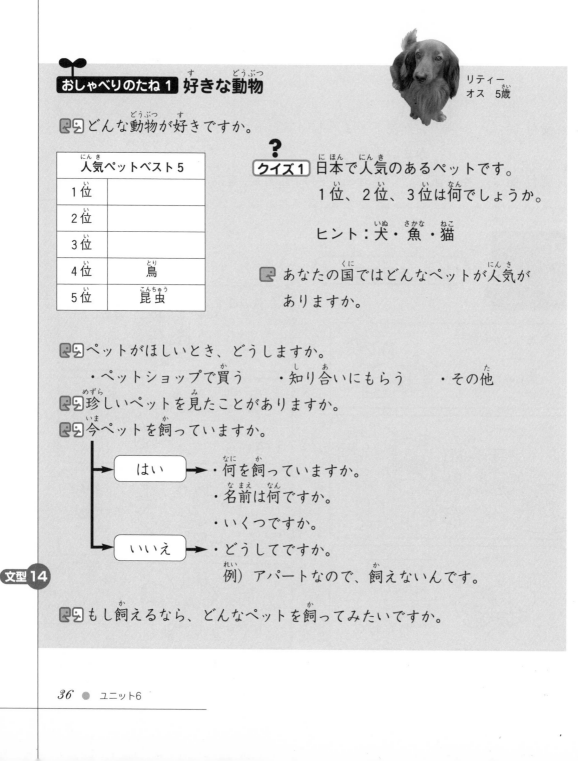

日本では年々ペットを飼う人が増えています。ペットはかわいいだけではありません。いろいろな面で人間の役に立っています。しかしペットを飼うことで周りの人に迷惑をかけることもありますね。あなたの国ではどうですか。

## おしゃべりのたね 1 好きな動物

リティー
オス　5歳

どんな動物が好きですか。

| 人気ペットベスト5 | |
|---|---|
| 1位 | |
| 2位 | |
| 3位 | |
| 4位 | 鳥 |
| 5位 | 昆虫 |

**クイズ1** 日本で人気のあるペットです。
1位、2位、3位は何でしょうか。

ヒント：犬・魚・猫

あなたの国ではどんなペットが人気がありますか。

ペットがほしいとき、どうしますか。

・ペットショップで買う　・知り合いにもらう　・その他

珍しいペットを見たことがありますか。

今ペットを飼っていますか。

- はい →
  - ・何を飼っていますか。
  - ・名前は何ですか。
  - ・いくつですか。
- いいえ →
  - ・どうしてですか。
  - 例）アパートなので、飼えないんです。

文型14

もし飼えるなら、どんなペットを飼ってみたいですか。

## おしゃべりのたね 2 ペットの思い出

子どものころ、
犬といっしょに
寝ていました。

ペットを飼ったことがありますか。

・いつごろですか。

・どんな世話をしましたか。

どんな思い出がありますか。

・初めて、うちへ来た日

・いちばんうれしかったこと、悲しかったこと

## おしゃべりのたね 3 ペットがいる暮らし

話し相手に
なります。

ペットがいると、どんないいことがありますか。

・子どもにとっていいこと

・大人にとっていいこと

・お年寄りにとっていいこと

・ほかに、どんないいことがありますか。

ペットがいると困ることがありますか。

こんなとき、どうしますか。

・ペットといっしょに店に入れないとき

・旅行に行くとき

・子どもがたくさん生まれたとき

・飼えなくなったとき

・病気になったとき

・死んだとき

子ネコもらって下さい
みけねこ
5ひきうまれました。
とてもかわいいです。
☎123-4567　山田

ほかの人が飼っているペットについて「おもしろい」とか「変だ」と思うことがありますか。

迷惑だと思うことがありますか。

**クイズ2** ペットの4大クレーム！
①と②は何だと思いますか。

②
悪臭
①
ごみを散らかす


**活動ノート**

ペットを飼っている人に気をつけてほしいと思うのはどんなことですか。

---

---

---

---

## 使える会話　散歩中の犬に服を汚される

［公園で］

マリア：　わあ、かわいいですね。何ていう種類ですか。
三輪：　雑種なんですよ。
マリア：　名前は何て言うんですか。（犬をなでる）
三輪：　タローです。（犬がじゃれる）こら、タロー！
　　すみません。スカート、汚れてしまいましたね。
マリア：　**いいです、いいです。気にしないでください。**
　　タロー、またね。バイバイ。

文型15

クイズ1の答え：1位（犬）2位（猫）3位（魚）　クイズ2の答え：①鳴き声　②ふん・尿

お茶の時間

## 日本の生活に慣れましたか

はい →
いいえ →

スタート →

日本の首相の名前を知っていますか。

和式トイレが使えますか。 

人の話を聞いているとき、うなずきますか。

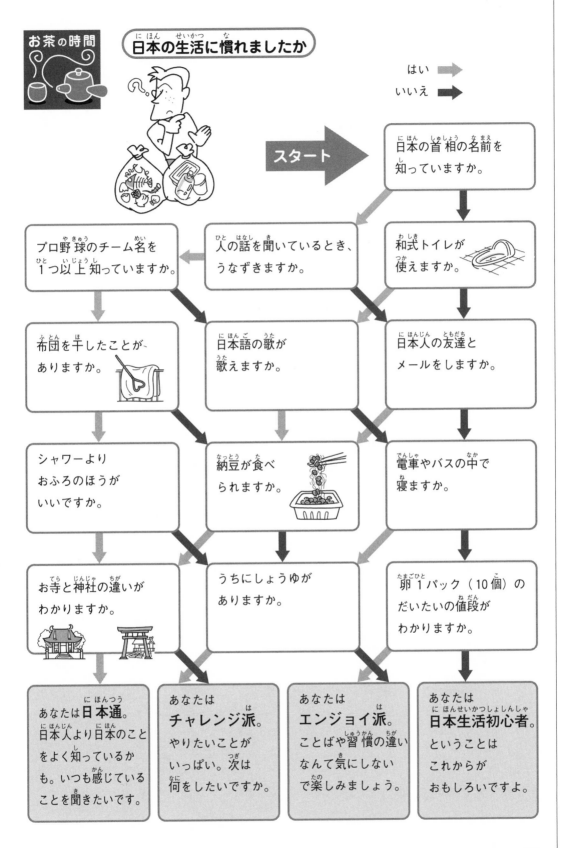

プロ野球のチーム名を1つ以上知っていますか。

布団を干したことがありますか。 

日本語の歌が歌えますか。

日本人の友達とメールをしますか。

シャワーよりおふろのほうがいいですか。

納豆が食べられますか。 

電車やバスの中で寝ますか。

お寺と神社の違いがわかりますか。

うちにしょうゆがありますか。

卵1パック（10個）のだいたいの値段がわかりますか。

あなたは**日本通**。日本人より日本のことをよく知っているかも。いつも感じていることを聞きたいです。

あなたは**チャレンジ派**。やりたいことがいっぱい。次は何をしたいですか。

あなたは**エンジョイ派**。ことばや習慣の違いなんて気にしないで楽しみましょう。

あなたは**日本生活初心者**。ということはこれからがおもしろいですよ。

●ユニット 7

# お元気ですか

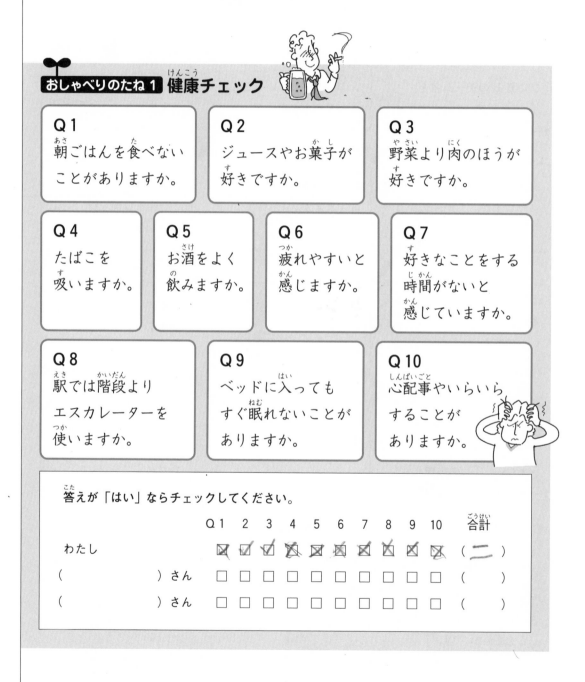

健康が大切だとわかっていても、毎日の生活ではつい体に悪いことや無理なことをしてしまうことがあります。また外国での生活は、国にいるときとは違ったストレスもあることでしょう。疲れたとき、ストレスがたまったとき、どうしていますか。

## おしゃべりのたね 1　健康チェック

**Q1**
朝ごはんを食べないことがありますか。

**Q2**
ジュースやお菓子が好きですか。

**Q3**
野菜より肉のほうが好きですか。

**Q4**
たばこを吸いますか。

**Q5**
お酒をよく飲みますか。

**Q6**
疲れやすいと感じますか。

**Q7**
好きなことをする時間がないと感じていますか。

**Q8**
駅では階段よりエスカレーターを使いますか。

**Q9**
ベッドに入ってもすぐ眠れないことがありますか。

**Q10**
心配事やいらいらすることがありますか。

答えが「はい」ならチェックしてください。

| | Q1 | 2 | 3 | 4 | 5 | 6 | 7 | 8 | 9 | 10 | 合計 |
|---|---|---|---|---|---|---|---|---|---|---|---|
| わたし | ☒ | ☑ | ☑ | ☒ | ☒ | ☒ | ☒ | ☒ | ☒ | ☒ | （ 二 ） |
| （　　　　）さん | □ | □ | □ | □ | □ | □ | □ | □ | □ | □ | （　） |
| （　　　　）さん | □ | □ | □ | □ | □ | □ | □ | □ | □ | □ | （　） |

どうでしたか。いくつありましたか。

0～2
とても健康です

3～7
もう少し健康に注意しましょう

8～10
ちょっと危ないです

これは本当の健康チェックではありません。

## おしゃべりのたね 2 生活の変化

日本へ来てから、生活が変わりましたか。何がいちばん変わりましたか。
・次の表に書きましょう。

| | 困ること　大変だと思うこと | いいと思うこと |
|---|---|---|
| 例）食べ物 | 大好きなドリアンが食べられない | すしはおいしい |
| 食べ物 | ぼくはピザーが食べられない | やきそばはおいしい |
| 家 | 大きい家にすんでられない | きれいアパトが好き |
| 気候 climate | とてもあつい きこうがあるない | ゆきはたのしい |
| 家族 | 家ぞくに行きません。 | |
| 仕事 | | |
| 環境・近所 environment neighborhood | | |
| 友達 | | |
| その他 | | |

日本の生活に満足していますか。

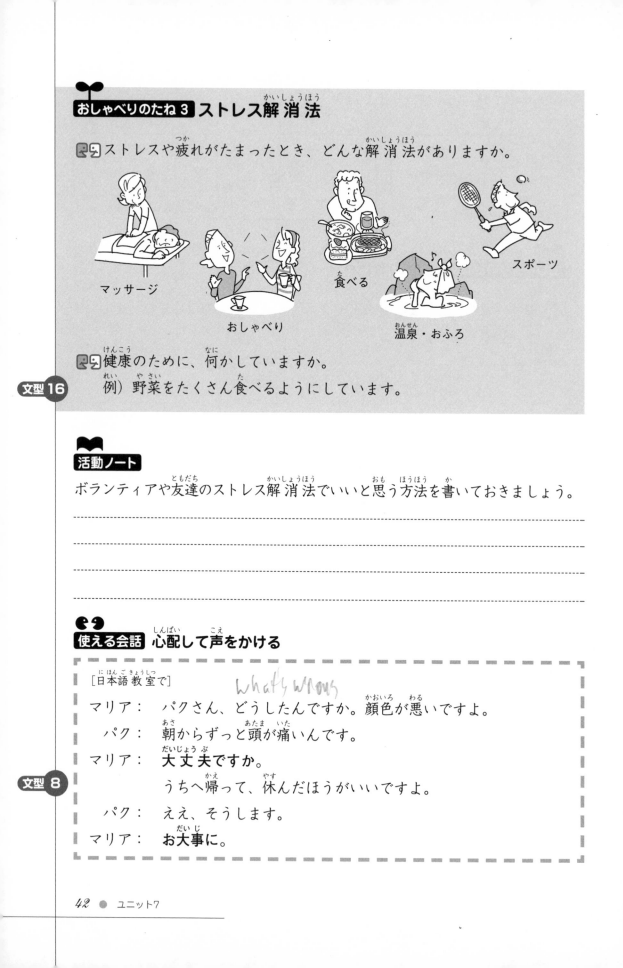

## おしゃべりのたね 3 ストレス解消法

ストレスや疲れがたまったとき、どんな解消法がありますか。

マッサージ
おしゃべり
食べる
温泉・おふろ
スポーツ

健康のために、何かしていますか。

文型16 例）野菜をたくさん食べるようにしています。

## 活動ノート

ボランティアや友達のストレス解消法でいいと思う方法を書いておきましょう。

-------------------------------------------

-------------------------------------------

-------------------------------------------

-------------------------------------------

## 使える会話 心配して声をかける

［日本語教室で］

マリア：　パクさん、どうしたんですか。顔色が悪いですよ。

パク：　朝からずっと頭が痛いんです。

マリア：　**大丈夫ですか。**

文型8 うちへ帰って、休んだほうがいいですよ。

パク：　ええ、そうします。

マリア：　**お大事に。**

お茶の時間

## わたしの国の健康法

あなたの国ではどうする？

何を使いますか。

1）南アフリカ

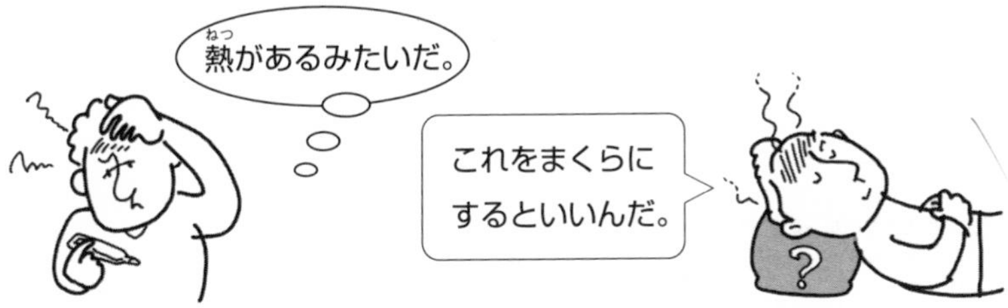
熱があるみたいだ。
これをまくらにするといいんだ。

次の中でどれをまくらにすると思いますか。

①コーヒー豆　②キャベツ　③厚い本

COFFEE

2）トルコ

あっ、日焼けしちゃった。真っ赤だ。
red

これを塗るといいのよ。

日焼けのとき、どれを塗ると思いますか。

①ヨーグルト　②卵の白身　③はちみつ

ヨーグルト

（答えは126ページ）

下のような場合、昔からある治し方がありますか。

- しゃっくり
- やけど
- はちに刺された
- 鼻血
- 肩がこった
- 頭が痛い
- 切り傷
- おなかが痛い
- 目が疲れた
- 擦り傷
- 二日酔い

健康のためにいいと言われている食べ物、飲み物がありますか。

日本では毎日酢を飲む人がいる。
黒酢

ロシア人はにんにくをよく食べるんだ。

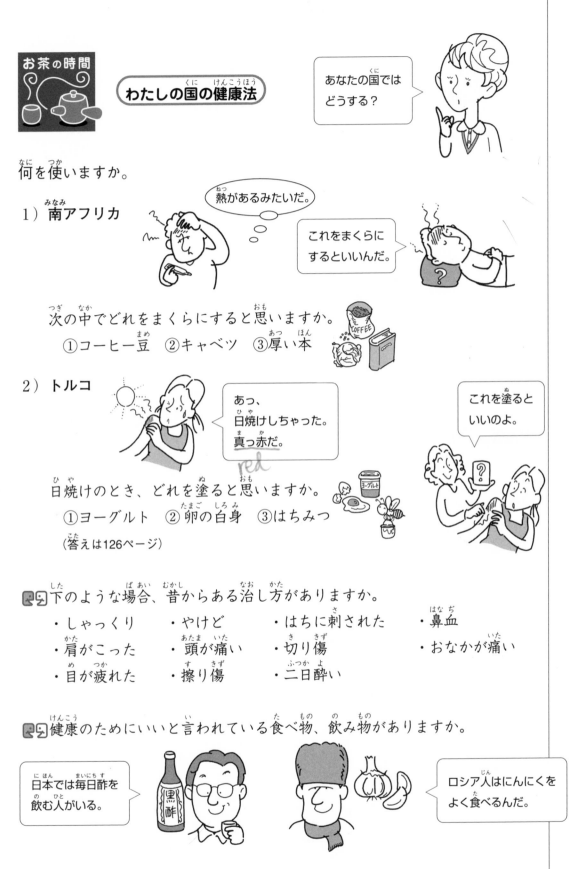

●ユニット 8

# 春は桜　秋はもみじ

日本には春・夏・秋・冬の4つの季節があります。日本人は動物や植物、そして自然の変化を見て、春が来たなあ、もう秋だなあと感じます。その季節独特の食べ物や行事もあり、それぞれの季節と深く結びついた生活をしています。あなたは日本の四季を楽しんでいますか。

## おしゃべりのたね 1　日本の四季

下の絵の季節はいつですか。
右のページの四季のカレンダーにことばを書きましょう。

例）

入学式
台

**四季のカレンダー**

例）つばめ

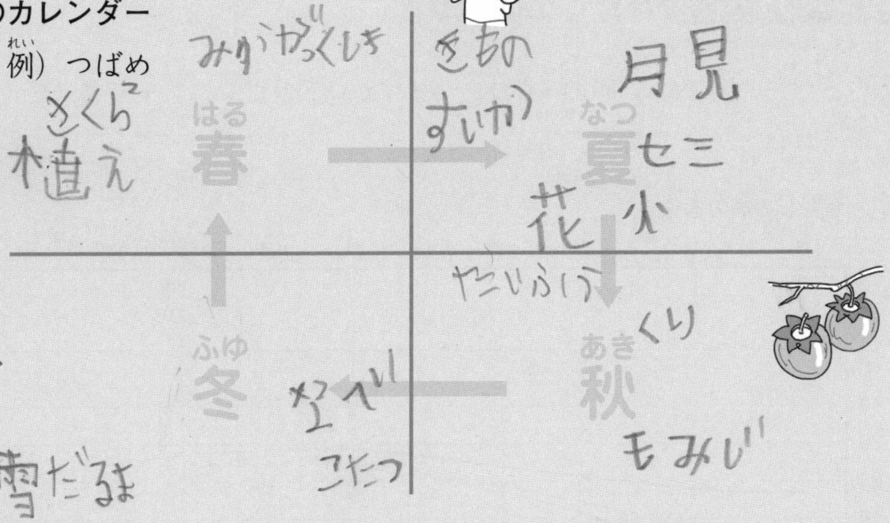

春
夏
秋
冬

春・夏・秋・冬はそれぞれ何月から何月までですか。

初めて日本に来たとき、どんな季節でしたか。どんな天気でしたか。

日本の季節の中でいつがいちばん好きですか。嫌な季節はいつですか。それはどうしてですか。

季節のものやできごとで何が心に残っていますか。

・春

・夏

・秋

・冬

子どもの入学式のとき、桜の花がきれいでした。

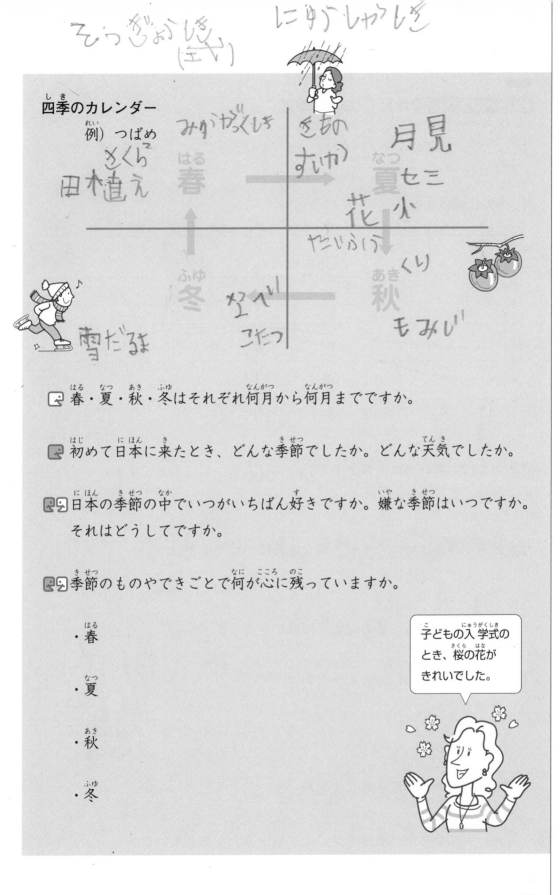

## おしゃべりのたね 2 わたしの国の季節

あなたの国では季節はいくつありますか。下のカレンダーに書いてください。
それはどんな季節ですか。

**わたしの国の季節**

| 1月 | 2月 | 3月 | 4月 | 5月 | 6月 | 7月 | 8月 | 9月 | 10月 | 11月 | 12月 |
|---|---|---|---|---|---|---|---|---|---|---|---|
| 冬 | | 春 | | | 夏 | | | 秋 | | | 冬 |

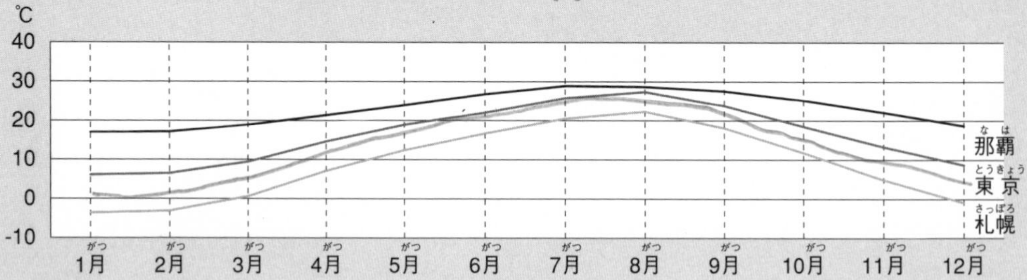

℃
40
30
20
10
0
-10
1月 2月 3月 4月 5月 6月 7月 8月 9月 10月 11月 12月
那覇
東京
札幌


月別平均気温

いちばん暑いのは何月ですか。いちばん寒いのは何月ですか。
何度ぐらいですか。

好きな季節はいつですか。嫌な季節はいつですか。
どうしてですか。

それぞれの季節にどんな自然の風景がありますか。

それぞれの季節にどんな食べ物を
食べますか。

6月はニシンの季節
（オランダ）

どんなもので季節を感じますか。

文型17

例）町で焼き栗の屋台を見ると、秋が来たなあと思います。

## おしゃべりのたね 3 季節と生活

あなたの国ではいつですか。日本ではいつですか。

・入学式や卒業式
・結婚式が多い
・大きいお祭りがある

長い休みはいつですか。どんな季節ですか。旅行に行きますか。

季節が変わったら、服や家の中のものも替えますか。

毎年必ずする季節の行事は何ですか。

8月のお盆にはふるさとへ
墓参りに帰ります。

## 活動ノート あなたの国のいちばん好きな季節について書いてください。

## 使える会話 近所の人にあいさつをする

マリア：　おはようございます。
三輪：　おはようございます。**よく降りますね**。
マリア：　ほんとうに**よく降りますね**。うっとうしいですね。
三輪：　関東はきのう、梅雨入りしたそうですよ。
マリア：　そうですか。

文型18

●ユニット 9

# 何を食べようかな

日本人は、朝はごはんとみそ汁、昼はシューマイと餃子、夜はハンバーグを食べる、というように、いろいろな国の料理を食べています。あなたの国ではどうですか。あなたの国のお勧めの料理があれば紹介してください。また日本料理で好きなものがあれば作り方を聞いてみましょう。

## おしゃべりのたね 1 いろいろな料理

下の絵は日本人がよく食べる料理です。

てんぷら
オムライス
牛どん
スパゲッティ
焼き魚
ラーメン
おでん
お好み焼き
餃子
焼き肉
ピザ
すし
すき焼き
サンドイッチ
おにぎり
うどん
ハンバーガー
しゃぶしゃぶ
刺身
おいしそう
納豆
カレー
サラダ

左のページの絵を見ながら、話しましょう。

・日本料理はどれですか。

・手で食べる料理はどれですか。

・電話で注文すると、家に持って来てもらえる料理はどれですか。

左の絵の料理で食べたことがあるのはどれですか。

・どこで食べましたか。

・味はどうでしたか。

・甘い　・酸っぱい　・苦い　・塩辛い　・辛い

くすり
SALT

・味が濃い　・味が薄い

あなたの国でもよく食べる料理がありますか。

日本で初めて食べた料理はどれですか。

好きな料理はどれですか。嫌いな料理はどれですか。

## おしゃべりのたね 2 家庭料理

home cooked dishes

**クイズ** 右の表は「日本人の好きな晩ごはん」です。

1位は何ですか。

ヒント・左の料理の中にあります。

・辛い料理です。

| | |
|---|---|
| 1位 | （ カレー ） |
| 2位 | 餃子 |
| 3位 | ハンバーグ |
| 4位 | さしみ |
| 5位 | 焼き魚 |

どうしてそれが1位なのか、理由を考えましょう。

どんな家庭料理が好きですか。

例）カレーのような辛い料理が好きです。

文型19

あなたのうちの家庭料理を教えてください。

・作り方が簡単で、早く作れて、おいしい料理
・お母さんが作ってくれた懐かしい料理
・あなたの得意料理

焼き飯が得意です。

**活動ノート** 簡単に作れるあなたの国の料理を教えてください。

(料理の名前) ステーキ

(材料) ぎゅうにく しお こしょう

はじめに ステーキではおとこしょうをおきます。

(作り方) 五分ぐらいにオーブンでステーキをやきます。 (の中)

**使える会話** **注文を決める・お金を払う**

[居酒屋で] Japanese bar

文型20
北川： 張さん、おつまみは何にしますか。 snack

張： ええと……。北川さんの**お勧めは何ですか。**

北川： この店はとりのから揚げがおいしいんですよ。

張： うーん。とりは**苦手なんです。**

北川： あ、そうか。じゃ、枝豆と刺身と……

………………………

北川： **お勘定、お願いします。** ←check please

店の人： はーい。

文型20
張： 割り勘にしてくださいね。 ←split the check

北川： いいよ、いいよ、きょうは僕がおごるから。

張： そうですか。どうもごちそうさまでした。

クイズの答え：カレー

**お茶の時間**

## カレーライスを作ろう

**【材料（6皿分）】**

| | |
|---|---|
| カレールウ……1箱 | 肉……………………………………250g |
| 玉ねぎ…………中 2個（400g） | サラダ油（またはバター）……大さじ2 |
| じゃがいも……中 2個（300g） | 水……850ml（4・1/4カップ） |
| にんじん………中1/2本（100g） | |

**【作り方】**

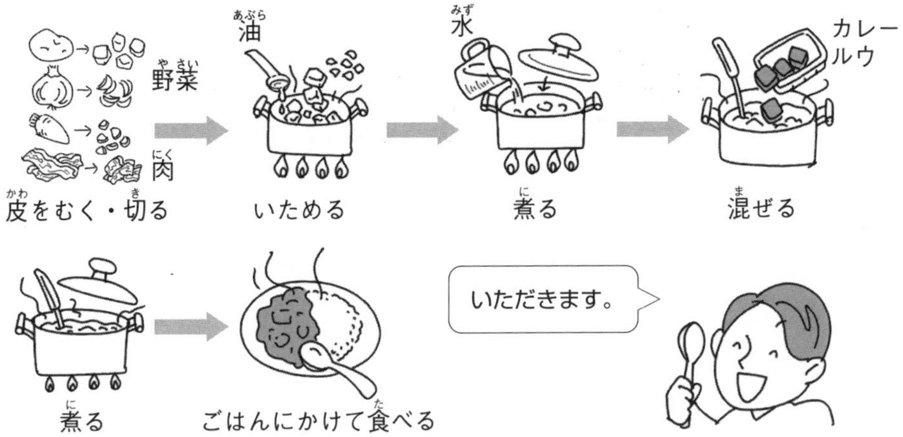

野菜
肉
皮をむく・切る
油
いためる
水
煮る
カレールウ
混ぜる
煮る
ごはんにかけて食べる
いただきます。


**【料理で使うことば】**

**調理器具**　ボウル　ざる　まな板・包丁　なべ　ふた

中華なべ　フライパン

**調理方法**　いためる　煮る　ゆでる　焼く　揚げる　蒸す

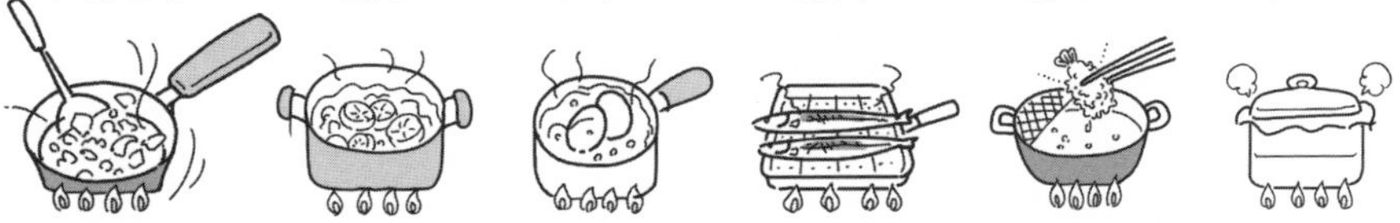

●ユニット 10

# 日本の生活 高い？安い？

物の値段が高い、給料が安い、生活費が足りない……。どこの国でもお金の悩みは同じです。特に外国で生活するとき、自分の国より物価が高いと大変ですね。今、生活費をどのように使っていますか。何か節約の方法がありますか。お金をあまり使わないで、安く生活を楽しむ方法も考えてみましょう。

## おしゃべりのたね 1 値段を比べる

スーパーのチラシを見て、値段を書きましょう。
ほかの国の人にも値段を聞いてみましょう。

| | 卵 | 牛乳 | ビール | ハンバーガー（ビッグマック） |
|---|---|---|---|---|
| ＿＿＿スーパー | ＿＿＿円 | ＿＿＿円 | ＿＿＿円 | ＿＿＿円 |
| あなたの国（町） | ＿＿＿円 | ＿＿＿円 | ＿＿＿円 | ＿＿＿円 |
| ほかの国（町） | ＿＿＿円 | ＿＿＿円 | ＿＿＿円 | ＿＿＿円 |

1（　　　　　　）＝（　　　　　　）円

※あなたの国のお金の単位

上海では牛乳
1ℓ9元、120
円ぐらいかな。

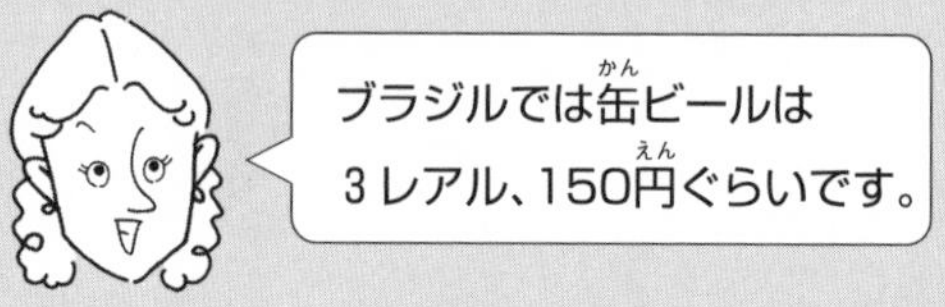
ブラジルでは缶ビールは
3レアル、150円ぐらいです。

日本で（今、住んでいる所で）、高いと思うものは何ですか。
安いと思うものは何ですか。（右のページの絵を参考にしてください）

| 高いと思う | 安いと思う |
|---|---|
| | |

電気製品

映画

日用品

服・靴

水道光熱費

交通費

電話代

あなたの国ではどんなものが高いですか、安いですか。
いくらぐらいですか。

## おしゃべりのたね 2 いろいろ要ります、生活費

生活費はどうしていますか。

・仕事　・アルバイト　・親から　・奨学金　・その他

生活費の中で、何にいちばんお金がかかりますか。

また、赤字…。
家計簿


| | | | |
|---|---|---|---|
| 夫（会社員）34歳 | | 妻（主婦）28歳 | |
| 収入 | 280,000円 | | |
| 支出 | 294,000円 | | |
| 家賃 | 82,000円 | 食費 | 50,000円 |
| 駐車場 | 13,000円 | 光熱費 | 16,000円 |
| 電話代 | 20,000円 | 保険 | 13,000円 |
| 小遣い（夫） | 20,000円 | 小遣い（妻） | 20,000円 |
| 娯楽費 | 10,000円 | その他 | 50,000円 |

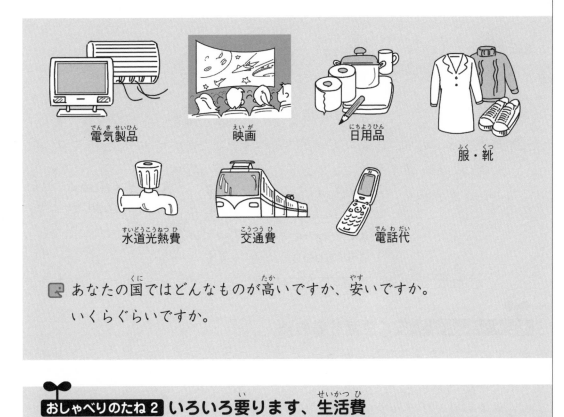

文型21

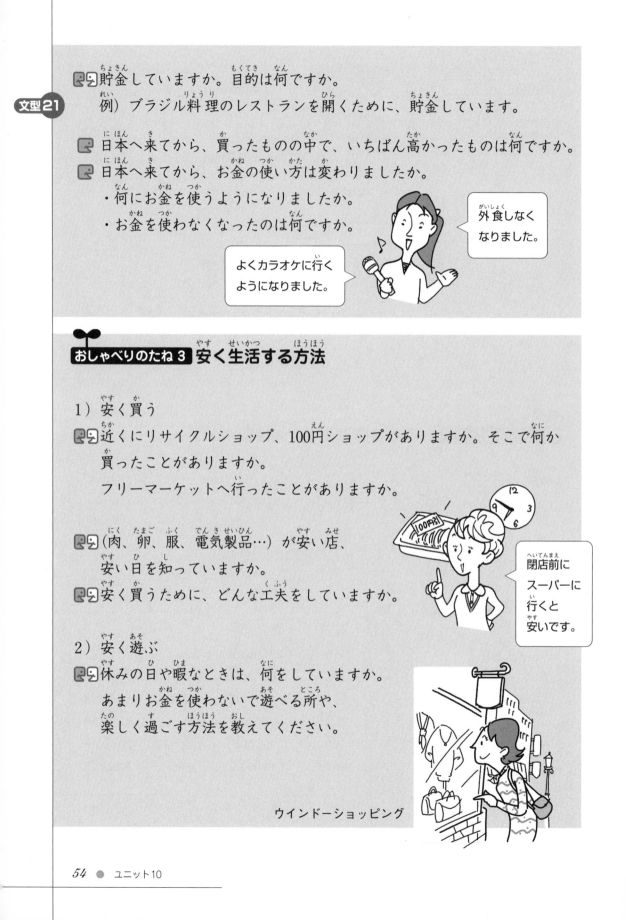

貯金していますか。目的は何ですか。

例）ブラジル料理のレストランを開くために、貯金しています。

日本へ来てから、買ったものの中で、いちばん高かったものは何ですか。

日本へ来てから、お金の使い方は変わりましたか。

・何にお金を使うようになりましたか。

・お金を使わなくなったのは何ですか。

外食しなくなりました。
よくカラオケに行くようになりました。

## おしゃべりのたね 3 安く生活する方法

1）安く買う

近くにリサイクルショップ、100円ショップがありますか。そこで何か買ったことがありますか。

フリーマーケットへ行ったことがありますか。

（肉、卵、服、電気製品…）が安い店、安い日を知っていますか。

安く買うために、どんな工夫をしていますか。

100円引
閉店前にスーパーに行くと安いです。

2）安く遊ぶ

休みの日や暇なときは、何をしていますか。

あまりお金を使わないで遊べる所や、楽しく過ごす方法を教えてください。

ウインドーショッピング

公共施設（図書館、公民館、体育館、プールなど）を利用したことがありますか。

**春の○○山を歩きませんか**

日時：4月22日
午前8時〜午後2時

参加費：無料

問い合わせ：
自然館　4321 - 0104

市や町でやっているいろいろなイベントや教室に参加したことがありますか。

**△△市総合体育館スポーツ教室（各12回）**

| | | | |
|---|---|---|---|
| 卓球 | 土 | 19：00 〜 21：00 | 2,500円 |
| テニス | 月 | 10：00 〜 12：00 | 3,000円 |
| 柔道 | 金 | 19：30 〜 21：00 | 2,500円 |

**活動ノート** 安く生活する方法を書きましょう。

---

---

---

---

---

## 使える会話　安い店を教えてもらう

張：　そのカメラ、小さくていいですね。

北川：　ええ。名刺サイズで、胸ポケットに入れるのにちょうどいいんですよ。　**文型22**

張：　わたしもデジカメを買おうと思っているんですけど、　**文型23**
**どこか安い店、ありませんか。**

北川：　駅前のヤマシタデンキがいいですよ。安いし、品物も多いし。

●ユニット 11

# みんなのスポーツ

日本では健康のためにする軽い運動や、趣味でするスポーツが盛んです。またサッカー、野球、相撲などを見るのが好きな人も多いです。あなたはどんなスポーツが好きですか。

## おしゃべりのたね 1 スポーツをする

| | |
|---|---|
| 1位 | さんぽ |
| 2位 | ウォーキング |
| 3位 | かるいたいそう |
| 4位 | ボウリング |
| 5位 | 筋力トレーニング |
| 6位 | ゴルフ |

? クイズ 表は日本人がよくするスポーツです。1位、3位、6位は次のどれですか。

ゴルフ・軽い体操・散歩（ぶらぶら歩き）

あなたの国ではどんなスポーツが盛んですか。

好きなスポーツは何ですか。

どんなスポーツをしたことがありますか。

・学生のとき　・社会人になってから

今、何かスポーツや運動をしていますか。

文型24 例）毎日１万歩、歩いています。

どんなスポーツをやってみたいですか。

文型12 例）スカイダイビングをやってみたいです。

この市／町で、スポーツ大会がありますか。

近所にスポーツのクラブや同好会がありますか。

## おしゃべりのたね 2 スポーツを見(み)る

テレビで見(み)るスポーツ

| | |
|---|---|
| 1位(い) | プロ野球(やきゅう) |
| 2位(い) | フィギュアスケート |
| 3位(い) | 高校野球(こうこうやきゅう) |
| 4位(い) | マラソン・駅伝(えきでん) |
| 5位(い) | 大相撲(おおずもう) |
| 6位(い) | ゴルフ |
| 7位(い) | サッカー |

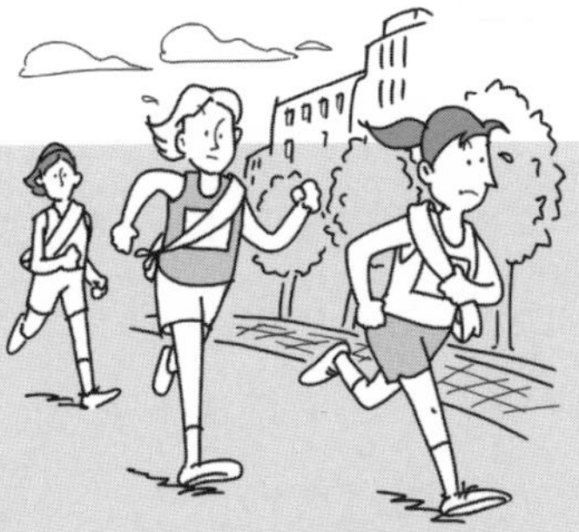

駅伝(えきでん)

あなたの国(くに)ではどんなスポーツが人気(にんき)がありますか。

テレビで、どんなスポーツ番組(ばんぐみ)をよく見(み)ますか。／見(み)ましたか。

・日本(にほん)で　・国(くに)で

実際(じっさい)にスポーツの試合(しあい)を見(み)に行(い)ったことがありますか。

好(す)きな選手(せんしゅ)がいますか。好(す)きなチームがありますか。

日本(にほん)のスポーツ選手(せんしゅ)を知(し)っていますか。

## おしゃべりのたね 3 伝統的(でんとうてき)スポーツ

下(した)の絵(え)は日本(にほん)の伝統的(でんとうてき)なスポーツです。

弓道(きゅうどう)

柔道(じゅうどう)

剣道(けんどう)

相撲(すもう)

- 日本の伝統的なスポーツを見たことがありますか。
  - ・何を見ましたか。
  - ・いつ、どこで見ましたか。
- あなたの国に前のページの絵と似ているスポーツはありますか。
- あなたの国の伝統的なスポーツを教えてください。
  - ・そのスポーツは人気がありますか。
  - ・やったことがありますか。
  - ・どんなルールですか。
  - ・道具を使いますか。

## 活動ノート

あなたの国で人気のあるスポーツについて書きましょう。

---

---

---

---

---

## 使える会話 応援する

［テレビの前で］

文型25

えり： ナカター！ 頑張れ！

ポール： あ、危ない！

えり： 行けーっ！ シュート！ ゴール！！

えり・ポール： **やったー！**

ポール： さすが、ナカタ！

えり： すごかったねー。

クイズの答え：1位 散歩（ぶらぶら歩き） 3位 軽い体操 6位 ゴルフ

お茶の時間

## はっけよい、のこった！

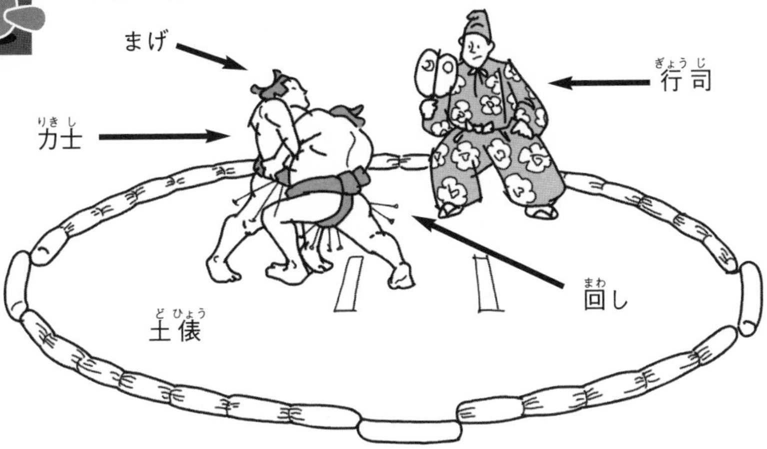
まげ
行司
力士
回し
土俵

はっけよい：頑張れ　のこった：まだ勝負はついてない　という意味

テレビで相撲を見てみよう！

しこを踏む

①土俵の大きさはどれくらい？（直径）

a．約3.5m　b．約4.5m　c．約5.5m

②いちばん上のランクの力士を何と言いますか。

a．横綱　b．大関　c．小結

③力士が塩をまくのはなぜですか。

a．土俵を清めるため　b．悪魔を追い払うため

④力士が土俵でしこを踏むのはなぜですか。

a．相手を脅かすため　b．土俵の下の悪者を踏みつぶすため

⑤外国人の力士は何人くらいいますか。

a．10人ぐらい　b．30人ぐらい　c．50人ぐらい

⑥力士が体力をつけるために毎日食べているものは何？

a．ステーキ　b．刺身　c．ちゃんこ鍋

（答えは126ページ）

もっと知りたい人はこのサイトをチェックしよう！　英語でも見られます。

**日本相撲協会公式サイト　http://www.sumo.or.jp/**

●ユニット 12

# 仕事、がんばります

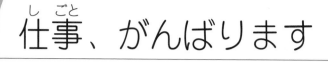

世の中にはいろいろな仕事があります。子どものとき、何になりたかったですか。やってみたい仕事がありますか。おもしろい仕事、珍しい仕事を知っていますか。今、どんな仕事をしていますか。仕事はどれも大変ですが、慣れてきたら、仲間もできて楽しいこともあります。給料をもらったときは、ほんとうにうれしいですね。あなたの仕事で楽しいこと、うれしいこと、つらいこと、困っていることなどを聞かせてください。

## おしゃべりのたね 1　いろいろな仕事

A～Hは①～⑮の仕事のどれですか。番号を書いてください。

**A**
ものを作る仕事

例）①

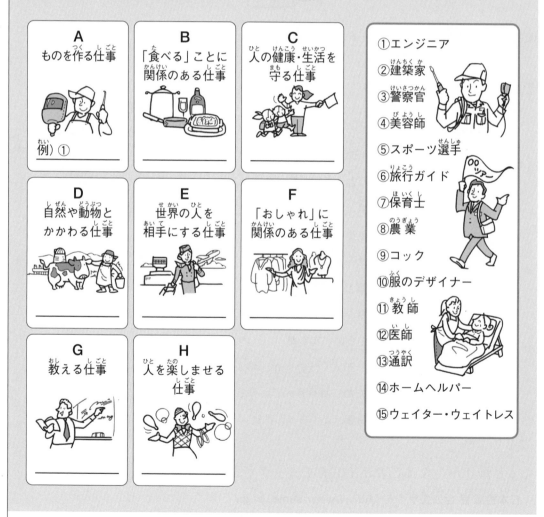

**B**
「食べる」ことに関係のある仕事

＿＿＿＿

**C**
人の健康・生活を守る仕事

＿＿＿＿

**D**
自然や動物とかかわる仕事

＿＿＿＿

**E**
世界の人を相手にする仕事

＿＿＿＿

**F**
「おしゃれ」に関係のある仕事

＿＿＿＿

**G**
教える仕事

＿＿＿＿

**H**
人を楽しませる仕事

＿＿＿＿

①エンジニア
②建築家
③警察官
④美容師

⑤スポーツ選手
⑥旅行ガイド
⑦保育士
⑧農業
⑨コック

OOツアー
⑩服のデザイナー
⑪教師
⑫医師
⑬通訳

⑭ホームヘルパー
⑮ウェイター・ウェイトレス

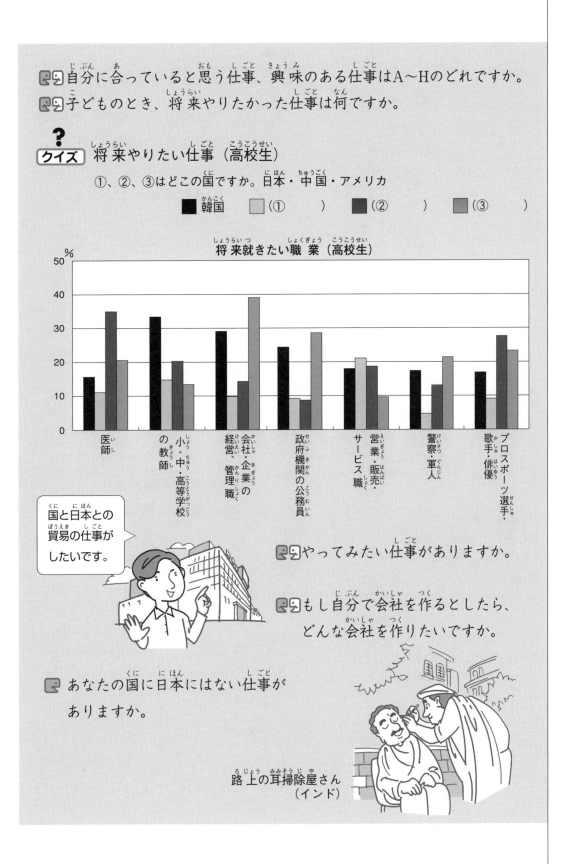

自分に合っていると思う仕事、興味のある仕事はA～Hのどれですか。

子どものとき、将来やりたかった仕事は何ですか。

## ? クイズ　将来やりたい仕事（高校生）

①、②、③はどこの国ですか。日本・中国・アメリカ

■韓国　□（①　　　）　■（②　　　）　■（③　　　）

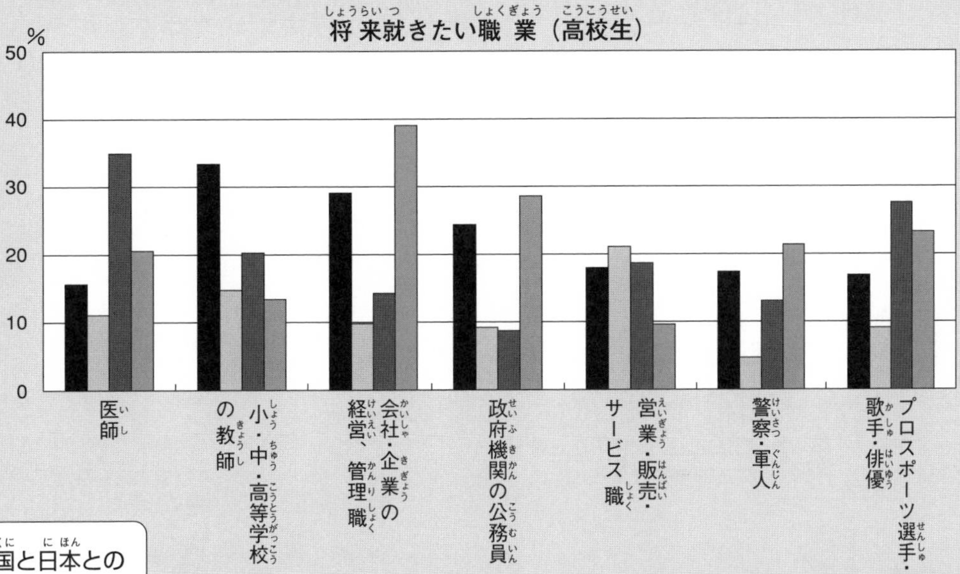

将来就きたい職業（高校生）
%
50
40
30
20
10
0
医師
小・中・高等学校の教師
会社・企業の経営、管理職
政府機関の公務員
営業・販売・サービス職
警察・軍人
プロスポーツ選手・歌手・俳優

国と日本との貿易の仕事がしたいです。


やってみたい仕事がありますか。

もし自分で会社を作るとしたら、どんな会社を作りたいですか。

あなたの国に日本にはない仕事がありますか。

路上の耳掃除屋さん
（インド）

あなたの国にも、次の仕事とよく似た仕事をする人がいますか。

着付け師

杜氏

移動布団乾燥業

占い師

トリマー

結婚仲介業

## おしゃべりのたね 2 わたしの仕事

今までどんな仕事をしたことがありますか。

今、どんな仕事をしていますか。

どんな方法で見つけましたか。

・就職／アルバイト情報誌
・店頭にはってあるはり紙
・新聞　・インターネット
・知り合いに頼む　・その他

仕事はどうですか。／どうでしたか。

・勤務時間　・通勤時間
・休日（週）　・職場の雰囲気

今までうれしかったこと、よかったことがありますか。

ごちそうさま。
おいしかったわ。

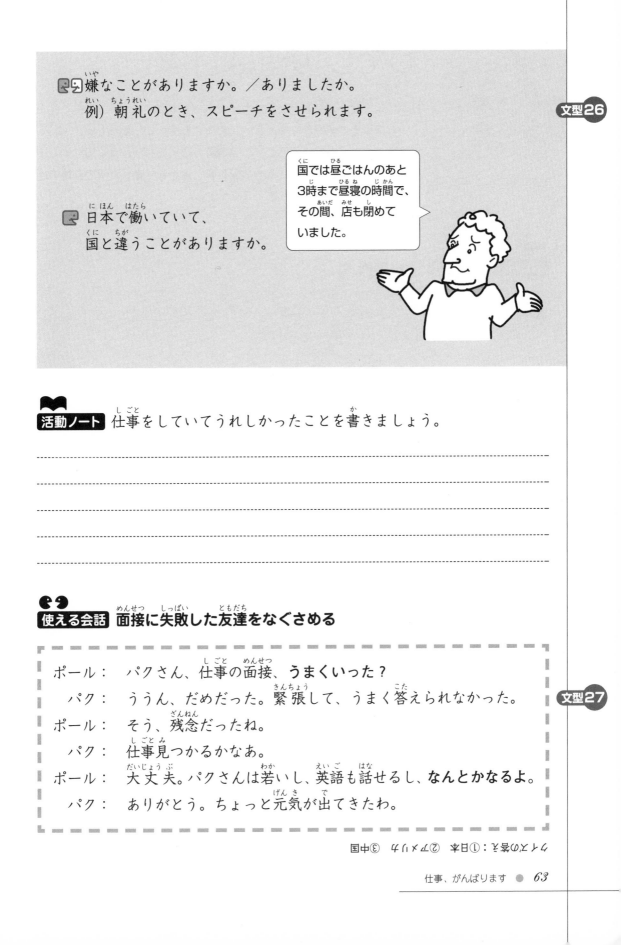

嫌なことがありますか。／ありましたか。

例）朝礼のとき、スピーチをさせられます。



日本で働いていて、
国と違うことがありますか。

国では昼ごはんのあと
3時まで昼寝の時間で、
その間、店も閉めて
いました。

**活動ノート** 仕事をしていてうれしかったことを書きましょう。

---

**使える会話** **面接に失敗した友達をなぐさめる**



ポール：　パクさん、仕事の面接、**うまくいった？**

パク：　ううん、だめだった。緊張して、うまく答えられなかった。

ポール：　そう、残念だったね。

パク：　仕事見つかるかなあ。

ポール：　大丈夫。パクさんは若いし、英語も話せるし、**なんとかなるよ。**

パク：　ありがとう。ちょっと元気が出てきたわ。

クイズの答え：①日本　②アメリカ　③中国

●ユニット

13

# わたしの町は日本一

日本には「住めば都」ということばがあります。どんな所でも長く住んでいれば、そこが好きになるという意味です。あなたは今住んでいる所が好きですか。いろいろ話して、この町のことをもっとよく知りましょう。また、あなたのふるさとのお国自慢（生まれて育った所で自慢できるものやこと）についても教えてください。

## おしゃべりのたね 1　地方の特色

あなたの国では地方によってどんな特色がありますか。

文型28

例）中国の青島はビールがおいしいです。

右の地図はいろいろな県の日本一を表しています。
地図を見ながら、話しましょう。

地図に印を書いて、都道府県の名前を書きましょう。

今住んでいる所　●（　　　　　）
前住んでいた所　＊（　　　　　）

都道府県の名前をいくつ知っていますか。

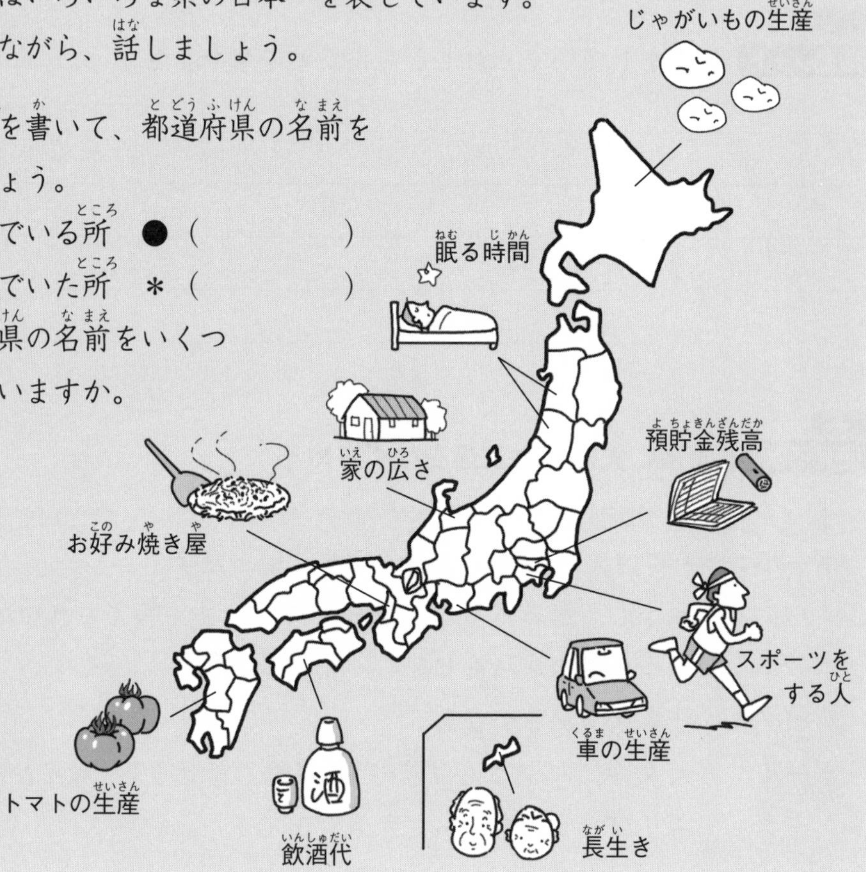

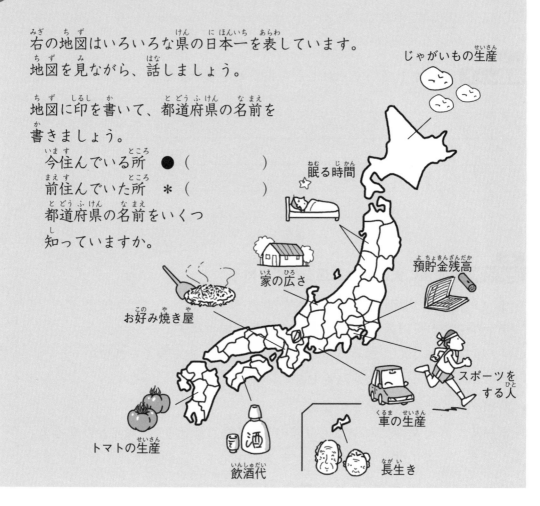

じゃがいもの生産
眠る時間
預貯金残高
家の広さ
お好み焼き屋
スポーツをする人
車の生産
トマトの生産
酒
飲酒代
長生き

## おしゃべりのたね 2 わたしたちの町

田んぼの中の道路が
立派だと思いました。


今住んでいる所について話しましょう。

初めてこの町に来たときの印象はどうでしたか。

- 食べ物　・自然環境　・交通
- 仕事　・近所の人

今、ここの生活はどうですか。

- いいと思うことは何ですか。困ることは何ですか。

今住んでいる所はどんな特色がありますか。

- 有名な所はどこですか。
- 何がおいしいですか。
- どんな人が多いですか。

大阪の人は
歩くのが
速いです。


## おしゃべりのたね 3 ふるさとのお国自慢をする

左のページの地図や、128 ～ 129 ページの世界地図を見ながら話しましょう。

ふるさとはどこですか。どんな所ですか。

ふるさとで自慢できることは何ですか。

わたしの
ふるさとは…。
たこ焼き
漫才
大阪城

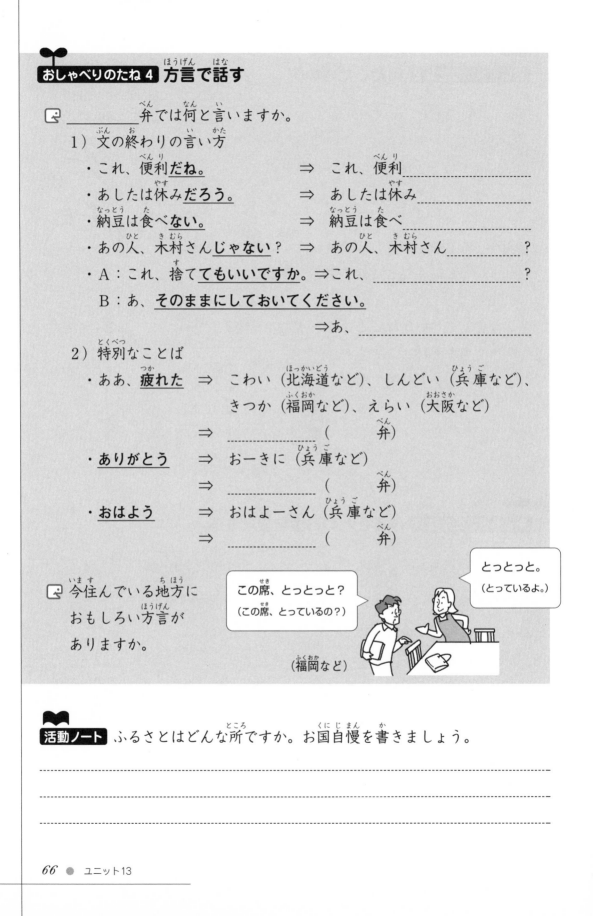

## おしゃべりのたね 4 方言で話す

＿＿＿＿＿弁では何と言いますか。

1）文の終わりの言い方

・これ、便利**だね。**　⇒　これ、便利＿＿＿＿＿＿＿＿

・あしたは休み**だろう。**　⇒　あしたは休み＿＿＿＿＿＿＿＿

・納豆は食べ**ない。**　⇒　納豆は食べ＿＿＿＿＿＿＿＿

・あの人、木村さん**じゃない**？　⇒　あの人、木村さん＿＿＿＿＿＿＿＿？

・A：これ、捨て**てもいいですか**。⇒これ、＿＿＿＿＿＿＿＿？

B：あ、**そのままにしておいてください。**

⇒あ、＿＿＿＿＿＿＿＿

2）特別なことば

・ああ、**疲れた**　⇒　こわい（北海道など）、しんどい（兵庫など）、きつか（福岡など）、えらい（大阪など）

⇒　＿＿＿＿＿＿（　　　弁）

・**ありがとう**　⇒　おーきに（兵庫など）

⇒　＿＿＿＿＿＿（　　　弁）

・**おはよう**　⇒　おはよーさん（兵庫など）

⇒　＿＿＿＿＿＿（　　　弁）

今住んでいる地方におもしろい方言がありますか。

この席、とっとっと？
（この席、とっているの？）
とっとっと。
（とっているよ。）

（福岡など）

**活動ノート** ふるさとはどんな所ですか。お国自慢を書きましょう。

＿＿＿＿＿＿＿＿＿＿＿＿＿＿＿＿＿＿＿＿

＿＿＿＿＿＿＿＿＿＿＿＿＿＿＿＿＿＿＿＿

＿＿＿＿＿＿＿＿＿＿＿＿＿＿＿＿＿＿＿＿

## 使える会話　日本の生活について話す

［日本語教室で］

マリア：　あ、武田さん、今からお茶を飲みに行くところなんですけど、いっしょにいかがですか。 文型29

武田：　え、いいんですか。じゃ、**遠慮なく**。

…………………………

［喫茶店で］

武田：　ここの生活はどうですか。もう慣れましたか。

マリア：　ええ。とても暮らしやすいですね。 文型30
食べ物もおいしいし、みんな親切だし、
とても**気に入っています**。

武田：　そうですか。それはよかった。

お茶の時間

### なぞなぞ

①～⑤の答えは何ですか。

①上から読んでも、下から読んでも、同じ野菜は？

②長ーく伸ばすと、食べ物になる紙は？

③入り口が１つで、出口が２つあるものは？

④公園の中にある食べ物は？

⑤世界中を飛び回っているのに、
いつでも隅に座っているものは？

(答えは126ページ)

ヒント

●ユニット

# 14 ケータイ、持った？

携帯電話はわたしたちの生活になくてはならないものになっています。携帯電話でできることもどんどん増えています。あなたは携帯電話をどのように使っていますか。

携帯電話のコミュニケーションや活用方法について話しましょう。また問題点についても考えてみましょう。

## おしゃべりのたね 1 電話とメール

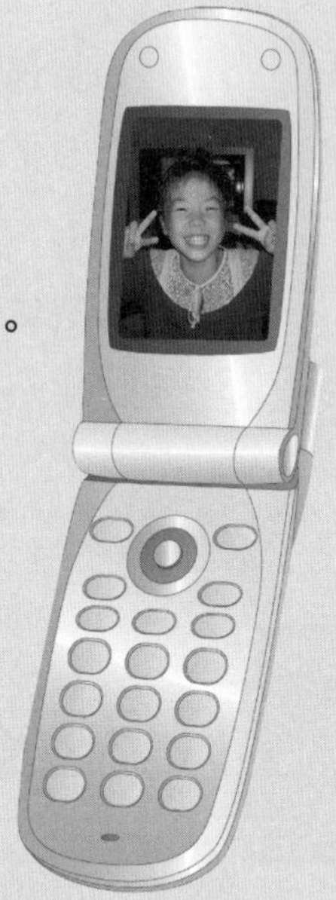

あなたの携帯電話はどこのですか。

・どこで買いましたか。今のはいくつ目ですか。

・次に買うときはどんな携帯電話がほしいですか。

携帯電話を選ぶときのポイントは何ですか。

・色・デザイン　・電話機の値段　・通話料

・新しい機能　・その他

あなたの国では携帯電話機は高いですか。

1日何回ぐらい電話をしますか。

・だれによく電話をしますか。

・1回の通話時間はどのくらいですか。

すみません。
15分遅れます。

1日に何回ぐらいメールをしますか。

・だれによくメールをしますか。

どんなときに電話を使いますか。

・どんなときにメールを使いますか。

電話とメールと、どちらをよく使いますか。

・どうしてですか。

9じに
むかえ
たのみ
ます。

携帯電話がないほうがいいと思うことがありますか。

・あってよかったと思うのはどんなときですか。

## おしゃべりのたね 2 携帯電話活用法

赤外線
カメラ
辞書
電子マネー
データフォルダ
メール
ブラウザ
テレビ
時計
検索
音楽プレーヤー
設定


あなたの携帯電話の機能を紹介しましょう。

電話・メール以外にどんなことができますか。

どんな機能をよく使っていますか。

漢字忘れた


辞書を使いますか。

- 最近調べたことばは何ですか。
- どんなときに調べましたか。

カメラを使いますか。

- どんなときに写真を撮りますか。
- 最近何か写真を撮りましたか。
- だれかに写真をメールで送りますか。

要らないと思うのはどんな機能ですか。

あしたのお天気は？


携帯電話でインターネットを使いますか。

- 情報を調べる
- ゲーム
- ソーシャル・ネットワーキング・サービス (SNS)
- テレビ電話

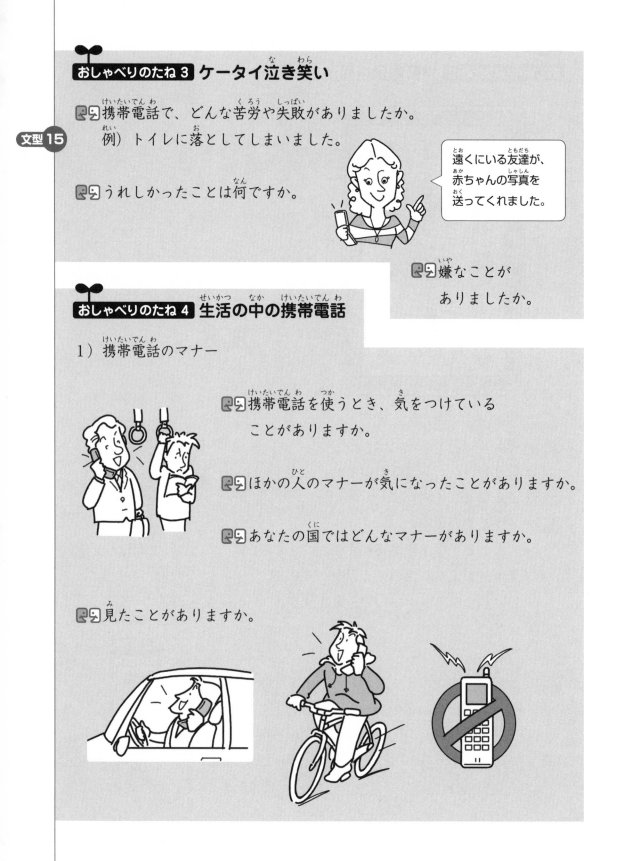

## おしゃべりのたね 3 ケータイ泣き笑い

携帯電話で、どんな苦労や失敗がありましたか。

文型15 例）トイレに落としてしまいました。

うれしかったことは何ですか。

遠くにいる友達が、
赤ちゃんの写真を
送ってくれました。

嫌なことがありましたか。

## おしゃべりのたね 4 生活の中の携帯電話

1）携帯電話のマナー

携帯電話を使うとき、気をつけていることがありますか。

ほかの人のマナーが気になったことがありますか。

あなたの国ではどんなマナーがありますか。

見たことがありますか。

2）子どもと携帯電話

いつでも子どもと連絡がとれるから、安心です。

子どもが携帯電話を持つことに賛成ですか、反対ですか。それはどうしてですか。

例）お金もかかるし、それに親に秘密を持つし、反対です。

子どもに携帯電話を持たせるのは、何歳ぐらいがいいと思いますか。

a．小学生　b．中学生　c．高校生　d．その他

**活動ノート** 携帯電話のいい点と問題点について意見を書きましょう。

-----------------------------------------------------------

-----------------------------------------------------------

-----------------------------------------------------------

-----------------------------------------------------------

-----------------------------------------------------------

**使える会話** **学校に電話する**

［電話で］

学校の人：　はい。あさひ小学校です。

王：　王**と申しますが**、鈴木先生お願いします。

学校の人：　はい、**少々お待ちください**。

鈴木：　もしもし、鈴木ですが。

王：　あ、鈴木先生ですか。王美麗の母です。
いつも子どもがお世話になっています。

●ユニット 15

# 結婚いろいろ

結婚は人生の中で大きな出来事のひとつです。しかし、結婚の形や考え方は大きく変わってきました。日本では70年ぐらいまえはお見合い結婚が70%ぐらいでしたが、今はほとんど恋愛結婚です。また以前に比べると結婚する人の割合が減って、独身の人が増えています。結婚する？　しない？　相手はどんな人がいい？　離婚は？　あなたはどう思いますか。

## おしゃべりのたね 1　出会いから結婚へ

**クイズ 1** 右のグラフは夫婦1,076組に聞いた「出会ったきっかけ」です。グラフのａｂｃは①～③のどれですか。

ａ（　　）ｂ（　　）ｃ（　　）

①学校で

②友達や兄弟の紹介

③お見合い

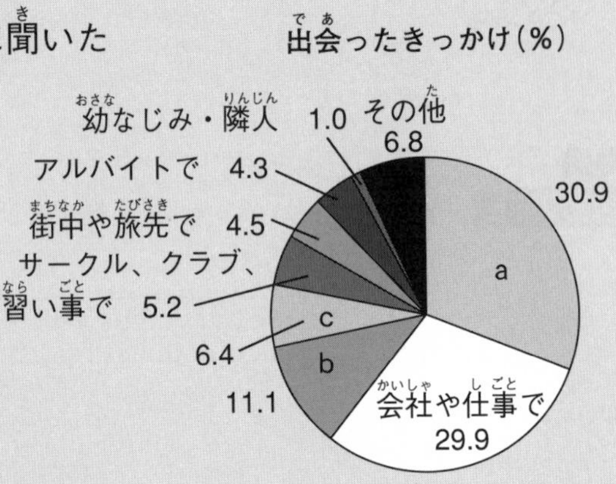

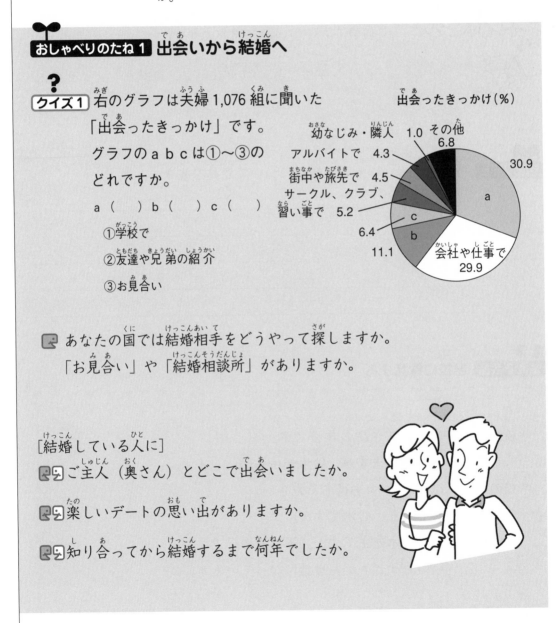

出会ったきっかけ（%）
幼なじみ・隣人　1.0
その他
6.8
30.9
a
アルバイトで　4.3
街中や旅先で　4.5
サークル、クラブ、
習い事で　5.2
c
6.4
b
11.1
会社や仕事で
29.9


あなたの国では結婚相手をどうやって探しますか。「お見合い」や「結婚相談所」がありますか。

［結婚している人に］

ご主人（奥さん）とどこで出会いましたか。

楽しいデートの思い出がありますか。

知り合ってから結婚するまで何年でしたか。

**クイズ 2** 結婚の平均年齢（日本2005年）

男 29歳　女（　　　）歳

あなたの国で、結婚の平均年齢は何歳ぐらいですか。

結婚の年齢は、10年、20年ぐらいまえに比べてどうですか。

結婚相手の条件で、大切だと思うことは何ですか。

とても大切○　まあまあ大切△　全然問題ではない×

| | | | |
|---|---|---|---|
| 性格 | | 年齢 | |
| 容姿や身長 | | 学歴 | |
| 仕事 | | 収入 | |
| 家庭的かどうか | | 親といっしょに住むかどうか | |
| 親が結婚に賛成か、反対か | | 初婚か、再婚か | |
| 趣味が同じかどうか | | その他（　　　　　） | |

## おしゃべりのたね 2　結婚か独身か

**クイズ 3** 独身の人に、結婚することは利点があると思うかどうか、聞きました。

グラフのa、bはどちらが男性ですか、女性ですか。

a（　　　）　b（　　　）

結婚することは利点があるか（%）

（独身の人　男性3,139人　女性3,064人）

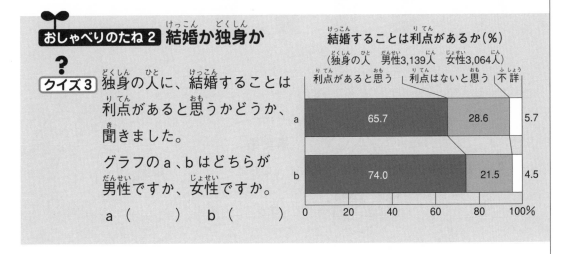

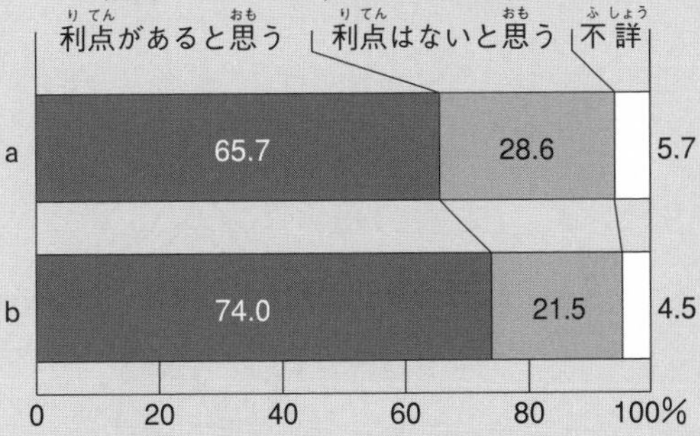
利点があると思う
利点はないと思う
不詳
a
65.7
28.6
5.7
b
74.0
21.5
4.5
0
20
40
60
80
100%

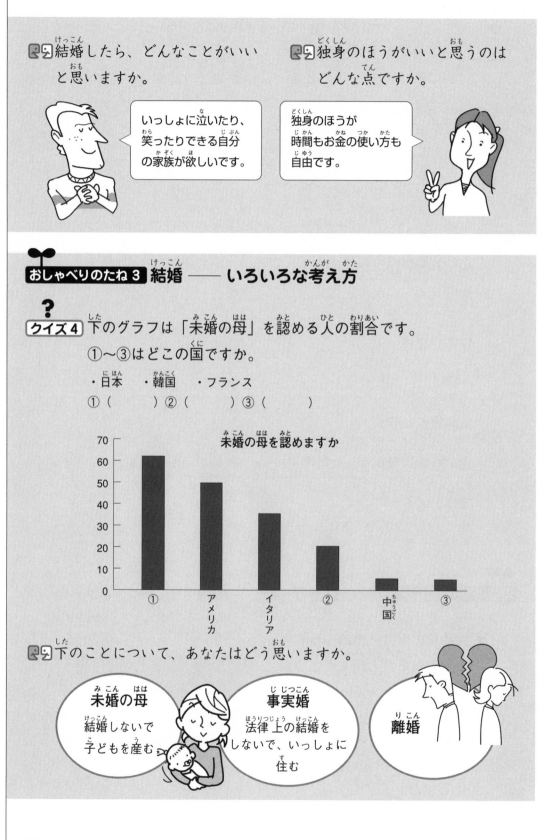

結婚したら、どんなことがいいと思いますか。

独身のほうがいいと思うのはどんな点ですか。

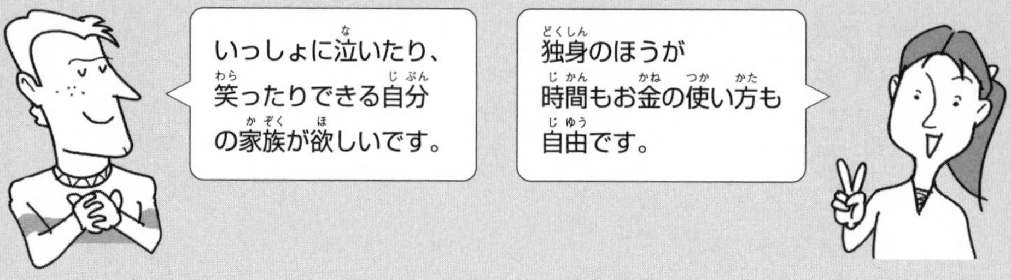
いっしょに泣いたり、笑ったりできる自分の家族が欲しいです。
独身のほうが時間もお金の使い方も自由です。

## おしゃべりのたね 3 結婚 —— いろいろな考え方

**クイズ 4** 下のグラフは「未婚の母」を認める人の割合です。①～③はどこの国ですか。

・日本　・韓国　・フランス

①（　　　）②（　　　）③（　　　）

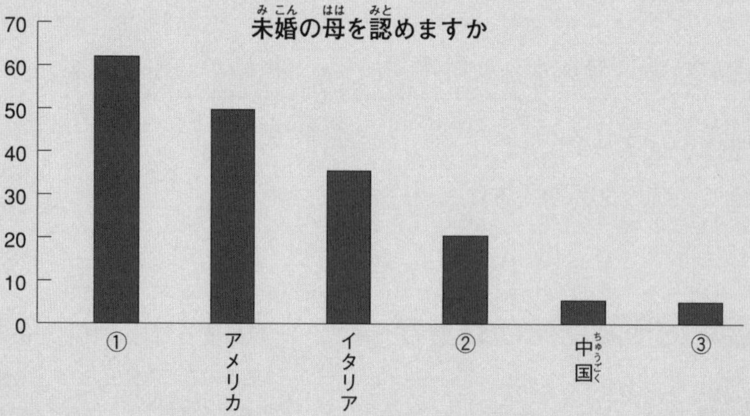
未婚の母を認めますか
70
60
50
40
30
20
10
0
①
アメリカ
イタリア
②
中国
③

下のことについて、あなたはどう思いますか。

未婚の母
結婚しないで子どもを産む
事実婚
法律上の結婚をしないで、いっしょに住む
離婚

**活動ノート** 結婚と独身とどちらがいいですか。意見を書きましょう。

---

## 使える会話　結婚パーティーに招待される

えり：　マリアさん、わたし、3月に結婚することになったの。　文型31

マリア：　えーっ、ほんとう？　おめでとう！

えり：　ありがとう。結婚式はしないで、レストランで結婚パーティーをするんだけど、マリアさんもぜひ来て。　文型32

マリア：　ええ、**喜んで**。ほんとによかったね。

## お茶の時間　結婚式

日本の結婚式を見たことがありますか。

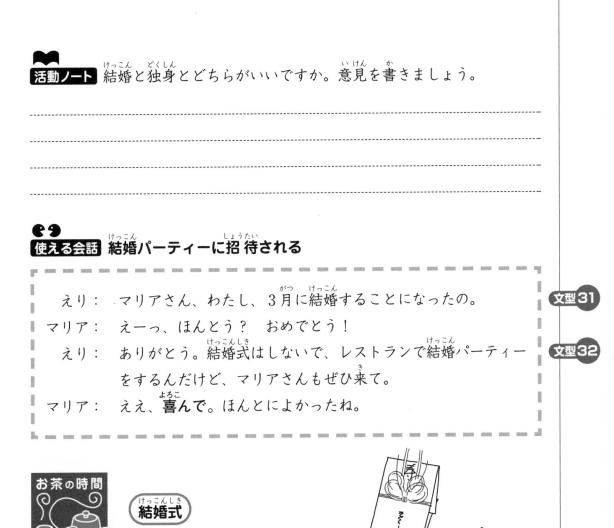

神前式　　教会式

日本では／あなたの国では

・どこで結婚式をしますか。どんなやり方ですか。
・新郎新婦は式のとき、どんな服を着ますか。出席者はどうですか。
・結婚パーティーで何をしますか。スピーチや歌がありますか。

クイズ1の答え：a—②　b—①　c—③　　クイズ2の答え：27歳　　クイズ3の答え：a—男性　b—女性
クイズ4の答え：①フランス　②日本　③韓国

●ユニット 16

# 大変だったね

人生は楽しいことばかりではありません。だれにでも苦労や失敗があります。事件、事故、入院、地震や台風などで大変な思いをしたことがありますか。そんなとき、どうしましたか。ボランティアの人の経験も聞いてみましょう。そして災害への備え方、起こってしまったときはどうしたらよいかなどについて考えてみましょう。

## おしゃべりのたね 1　犯罪・事故

犯罪や事故にあったことがありますか。家族や友達はどうですか。

文型33

例）空港でスーツケースをとられました。

・いつ、どこで、何をしているときですか。

・そのとき、どうしましたか。けがをしましたか。

・そのあと、どうしましたか。

・どんな気持ちでしたか。

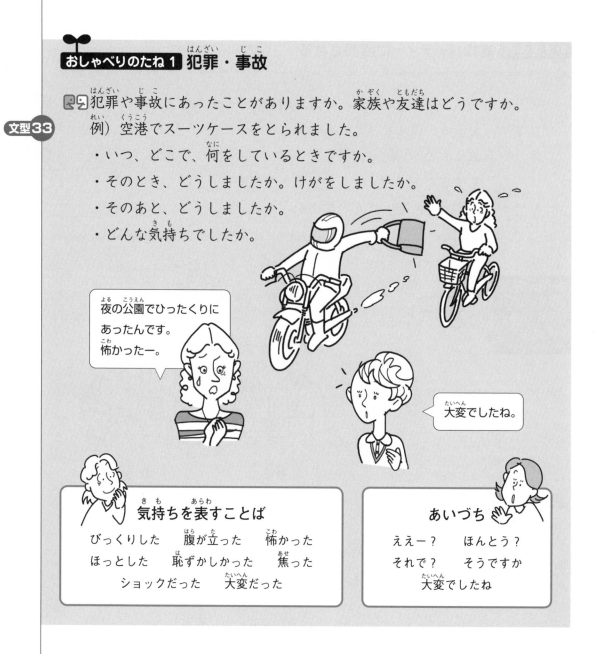

夜の公園でひったくりにあったんです。
怖かったー。

大変でしたね。

### 気持ちを表すことば

びっくりした　腹が立った　怖かった
ほっとした　恥ずかしかった　焦った
ショックだった　大変だった

### あいづち

ええー？　ほんとう？
それで？　そうですか
大変でしたね

### 考えましょう

かばんをとられました。中にいろいろなものが入っています。
警察に連絡したあと、どうしたらいいですか。

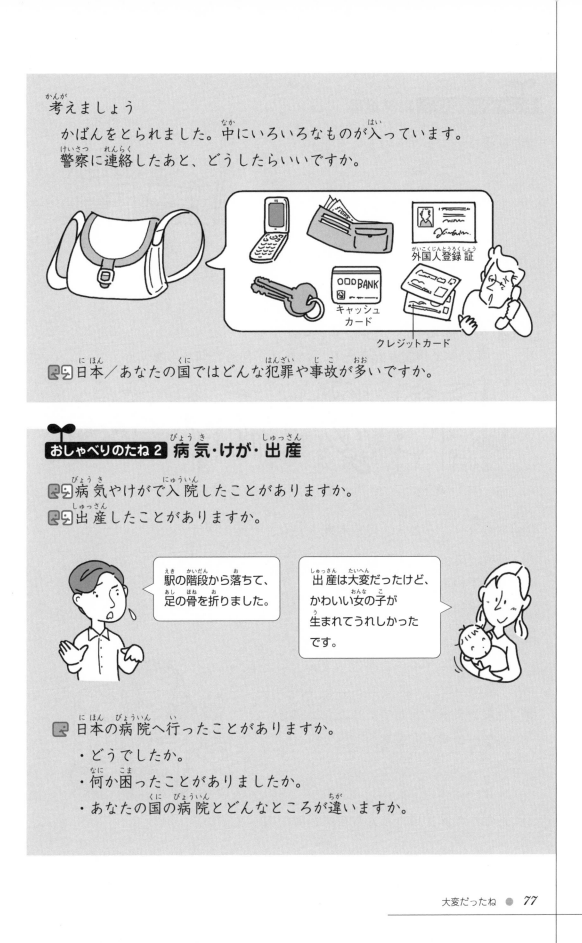

外国人登録証
○○○BANK
キャッシュカード
クレジットカード

日本／あなたの国ではどんな犯罪や事故が多いですか。

## おしゃべりのたね 2 病気・けが・出産

病気やけがで入院したことがありますか。
出産したことがありますか。

駅の階段から落ちて、足の骨を折りました。

出産は大変だったけど、かわいい女の子が生まれてうれしかったです。

日本の病院へ行ったことがありますか。

- どうでしたか。
- 何か困ったことがありましたか。
- あなたの国の病院とどんなところが違いますか。

## おしゃべりのたね 3 自然災害

地震にあったことがありますか。

- いつごろですか。
- そのとき、どこにいましたか。
- 何をしていましたか。
- 地震が起きてから、どうしましたか。

**クイズ** あ、地震だ！　そのとき、どうする？

家の中で地震が起きたら、いちばん初めに何をしますか。

A　　B　　C　　D

家の外にいるとき、地震が起きたら、どうしますか。

- 道
- デパートやスーパー
- 海の近く
- 地下街
- 車の中

台風のとき、どんなことに注意しなければなりませんか。

地震や台風に対して、どんな準備が必要か考えましょう。

CHOCOLATE

あなたの国では、どんな自然災害がありますか。

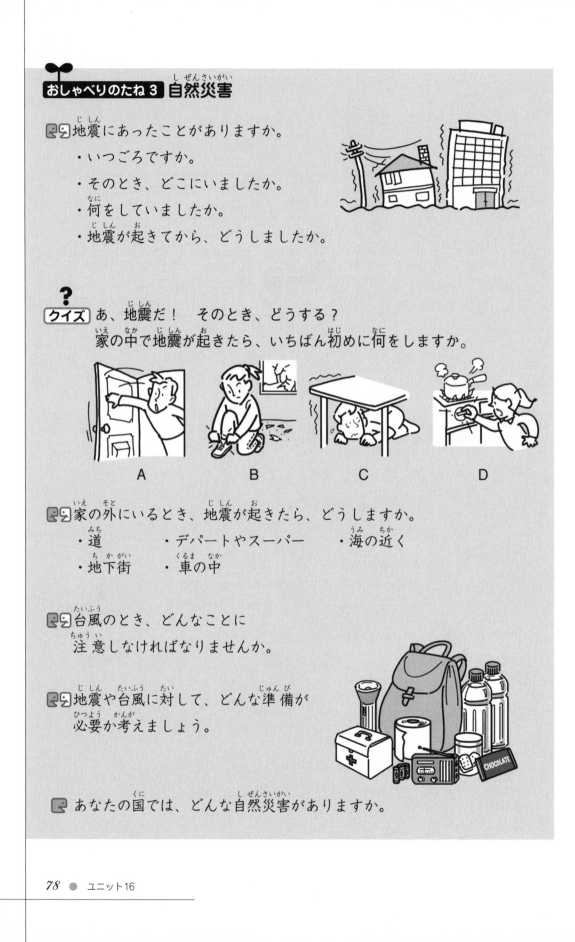

## おしゃべりのたね 4　大変だったこと・失敗したこと

日本に来てから、
どんな失敗をしましたか。

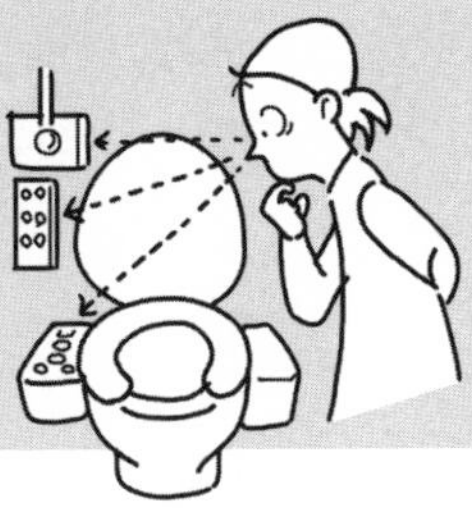

遅いなぁ。
京都
大阪
あっ、これ神戸行き？
乗りまちがえた！
神戸

## 活動ノート　今まで経験した事件や事故、自然災害などについて書きましょう。

---

---

---

## 使える会話　お礼を言う

［三輪さんの家の玄関で］

　　　　ピンポーン♪

三輪：　マリアさん、どうしたんですか。

マリア：　子どもが階段から落ちて……。病院へ連れて行きたいので、すみませんが下の子を預かっていただけませんか。

三輪：　いいですよ。

［病院から帰って］

マリア：　どうもありがとうございました。**助かりました。**

三輪：　大変でしたね。お子さんは？

マリア：　**おかげさまで、たいしたことはありませんでした。**

三輪：　それはよかったですね。

マリア：　ほんとうにありがとうございました。

文型34
文型35

クイズの答え：C

●ユニット 17

# 祭りだ　わっしょい！

日本にはいろいろな祭りがあります。米や魚がたくさんとれることを神に祈る祭りやとれたことを感謝する祭り、地震や悪い病気が流行しないように神に祈る祭りや先祖の霊を慰める夏祭り（盆踊り）などです。また最近は、伝統的な祭りとは関係なく、みんなが参加してわいわい楽しむ新しい祭りも増えてきました。あなたの国や町にはどんな祭りがありますか。

## おしゃべりのたね 1　お祭り大好き

下のイラストのようなものを見たことがありますか。
いつごろ見ましたか。

これは何ですか。何をしていますか。

日本でお祭りを見たことがありますか。

・いつですか。　・どこでですか。　・どうでしたか。

あなたの国で有名なお祭りはどんなお祭りですか。

・何月ごろですか。　・何をしますか。

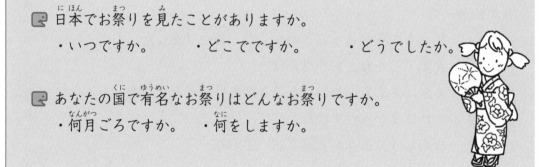

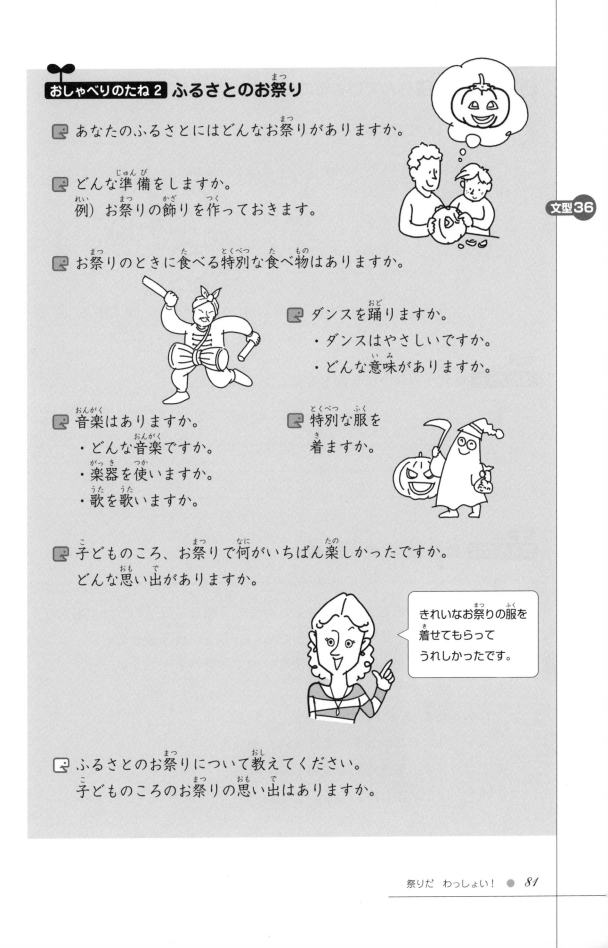

## おしゃべりのたね 2 ふるさとのお祭り

文型36

あなたのふるさとにはどんなお祭りがありますか。

どんな準備をしますか。
例）お祭りの飾りを作っておきます。

お祭りのときに食べる特別な食べ物はありますか。

ダンスを踊りますか。
・ダンスはやさしいですか。
・どんな意味がありますか。

音楽はありますか。
・どんな音楽ですか。
・楽器を使いますか。
・歌を歌いますか。

特別な服を着ますか。

子どものころ、お祭りで何がいちばん楽しかったですか。
どんな思い出がありますか。

きれいなお祭りの服を着せてもらってうれしかったです。

ふるさとのお祭りについて教えてください。
子どものころのお祭りの思い出はありますか。

## おしゃべりのたね 3 住んでいる町のお祭り

今住んでいる町のお祭りに行ったことがありますか。

この町（市）や近くの町（市）にお祭りはありますか。

・いつですか。

・どんなお祭りですか。

・どんなことをしますか。

・だれでも参加できますか。

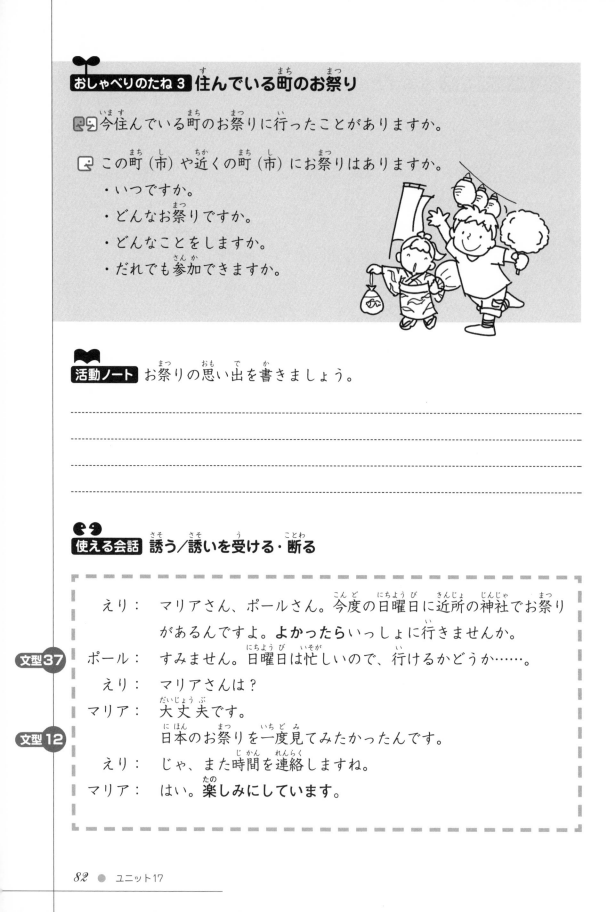

## 活動ノート お祭りの思い出を書きましょう。

---

## 使える会話 誘う／誘いを受ける・断る

えり：　マリアさん、ポールさん。今度の日曜日に近所の神社でお祭りがあるんですよ。**よかったら**いっしょに行きませんか。

文型37 ポール：　すみません。日曜日は忙しいので、行けるかどうか……。

えり：　マリアさんは？

マリア：　大丈夫です。

文型12 日本のお祭りを一度見てみたかったんです。

えり：　じゃ、また時間を連絡しますね。

マリア：　はい。**楽しみにしています。**

お茶の時間

## すごろくゲーム

【遊び方】

①サイコロを１つと人数分のコマを用意してください。

②サイコロを振って出た数だけ進みます。

③止まったマスの文を読んで答えてください。

スタート!

1）好きな食べ物を３つ言ってください。

2）嫌いな食べ物を２つ言ってください。

3）小学校のときの好きな科目は何ですか。
a．算数
b．国語
c．体育
d．その他

4）好きな俳優はだれですか。

5）知っているアニメは何ですか。

6）好きな歌手はだれですか。

7）じゃんけんをして勝ったら10）へ進む。

8）好きな歌（曲）は何ですか。

9）初恋は何歳のとき？

10）お誕生日にもらいたいプレゼントは何ですか。

11）好きな映画は？
a．ホラー
b．コメディー
c．恋愛映画
d．ミステリー

12）どっちが好き？
a．田舎
b．都会

13）けさ、何を食べましたか。

★ここに止まったら10）に戻る

14）あなたの好きなことばは何ですか。

ゴール!

●ユニット
18

# 楽しく　日本語

あなたは今まで、どのように日本語を勉強してきましたか。知らないことばを聞いたとき、言いたいことが言えないとき、どうしましたか。机の前に座って勉強をしなくても、日本語が上手になる方法はいろいろあります。いっしょに考えてみましょう。

## おしゃべりのたね1　ことばを増やす方法

1）「ことばの仲間」集め

やり方（例）

①「スポーツ」に関係のあることばを考えて①の中に書きます。

②次に「野球」を選んで、②の中に「野球」に関係のあることばを書きます。その中からまた1つことばを選んで③に書いてください。

③ボランティアと相談しながら③の中に関係のあることばを集めて書きましょう。

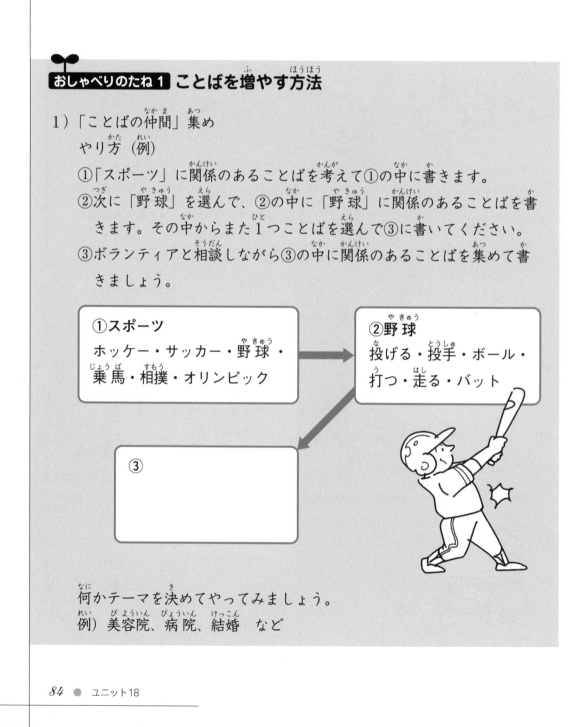

**①スポーツ**
ホッケー・サッカー・野球・乗馬・相撲・オリンピック

→

**②野球**
投げる・投手・ボール・打つ・走る・バット

→

**③**

何かテーマを決めてやってみましょう。

例）美容院、病院、結婚　など

2）ことば当てクイズ

3つのヒントでことばを当てます。お互いに問題を出してみましょう。

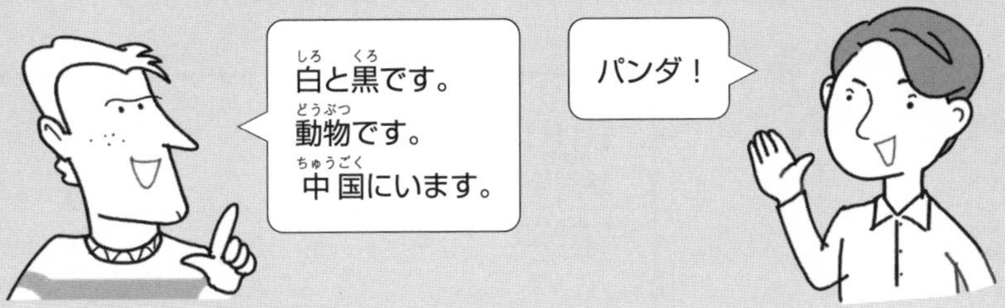
白と黒です。
動物です。
中国にいます。
パンダ！

## おしゃべりのたね 2 わたしの勉強の工夫

あなたは今どんな工夫をしていますか。

【聞く】
テレビでコマーシャルをよく見るようにしています。
【話す】
店の人と話すようにしています。
【書く】
覚えたことばをすぐメモしています。
【読む】
漫画を読んでいます。

知らないことばを聞いたり、読んだりしたとき、どうしますか。
例）だれかにすぐ聞くようにしています。

言いたいことばがわからないとき、どうしますか。

漢字を知りたいとき、どうしますか。

文型16

## おしゃべりのたね 3　こんな方法もあります

1）まじめな人向き ➡ 日記をつける

①やることを決めます。

②方法を考えます。

③日記を書きます。

途中で考えたこと、
気がついたこと、
できなかったこと、
うれしかったこと、
などを書きます。
日本語でなくても
いいです。

①
【目標】　ドラマを見る
毎週金曜日 8 時　4 ch
「おとなりは魔女」

②
【方法】
1．録画する。
2．3 回見る。
3．見ながら、わからない
　ことばをメモする。
4．あとで調べるか聞く。
5．あらすじを書く。
6．感想を書く。
7．友人に話す。

③
9月 12 日
【あらすじ】
となりにひ
ひとが魔女か
【感想】
どこかでみた
となりの奥さ
もらえなくて
【ことば】
おくさん　し
【友人に話す
田中さんに話
見ているそう

日本語を使って何かやってみたいことはありませんか。

目標を決めて、計画を立ててみましょう。

①

②

2）遊びで覚えたい人向き ➡ 好きなことで覚える日本語

あなたの趣味は何ですか。

**スポーツ・音楽・映画・ハイキング・その他**

| 好きなこと | 何をする？ | 方法を考える |
|---|---|---|
| 例）<br>サッカー | サッカーをする<br>サッカーを見る | サッカー用語を調べる。<br>試合中によく言う言い方を覚える。<br>サッカーの記事を読む。 |
| | | |

日本語の勉強に役に立つテレビ番組や本がありますか。

・役に立つテレビ番組（　　　　　　　　　　）

・おもしろいテレビ番組・本・漫画など（　　　　　　　　　　）

**活動ノート** 好きな勉強方法を書きましょう。

---

---

---

## 使える会話 日本語を褒められて、謙遜する

［日本語教室で］

北川：　マリアさん、日本語、上手ですね。

マリア：　**いえいえ、まだまだです。**

北川：　日本へ来てまだ1年なのに、**すごいですね。**

マリア：　**いえ、それほどでも……。**

文型38

●ユニット 19

# 女と男—仕事と役割

女性と男性が無理をしたり我慢をしたりしないで、気持ちよく暮らすためには、お互いに協力が必要です。今、あなたの国や日本で、男女の仕事に区別がありますか。家では妻と夫がどのように家事を分担していますか。妻と夫のいい関係を作るにはどうすればいいか、考えてみましょう。

## おしゃべりのたね 1　女の仕事？　男の仕事？

下の仕事は男性が多いですか。女性が多いですか。
下の表に数字を書いてください。

①女性が多い　②同じぐらい　③男性が多い

| | あなたの国 | 日本 |
|---|---|---|
| 保育士 | | |
| 看護師 | | |
| 大きい会社の社長 | | |
| 消防士 | | |
| 秘書 | | |
| バスの運転手 | | |
| 大学教授 | | |
| エンジニア | | |
| 医師 | | |
| 国会議員 | | |
| 小学校の先生 | | |
| 建設作業員 | | |

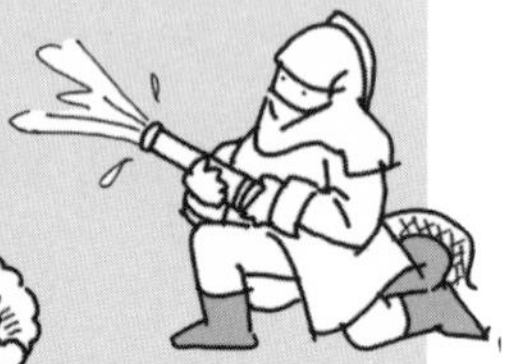

10年まえに比べてどうですか。
これからどうなると思いますか。

あなたの国と日本では、どんな違いがありますか。

次のような場合、女性のほうがいいと思いますか。男性のほうがいいと思いますか。それはどうしてですか。

①女性がいい　②どちらでもいい　③男性がいい

あなたは

・会社で働いています。上司は（　　　）。
・手術を受けます。医師は（　　　）。
・入院しています。看護師は（　　　）。
・子どもを保育園に入れます。子どもの先生は（　　　）。

## おしゃべりのたね 2　夫と妻の役割分担

下のグラフを見て話しましょう。
あなたや両親、友達の夫婦などはどうですか。

夫婦の育児・家事・仕事時間（共働き家庭）

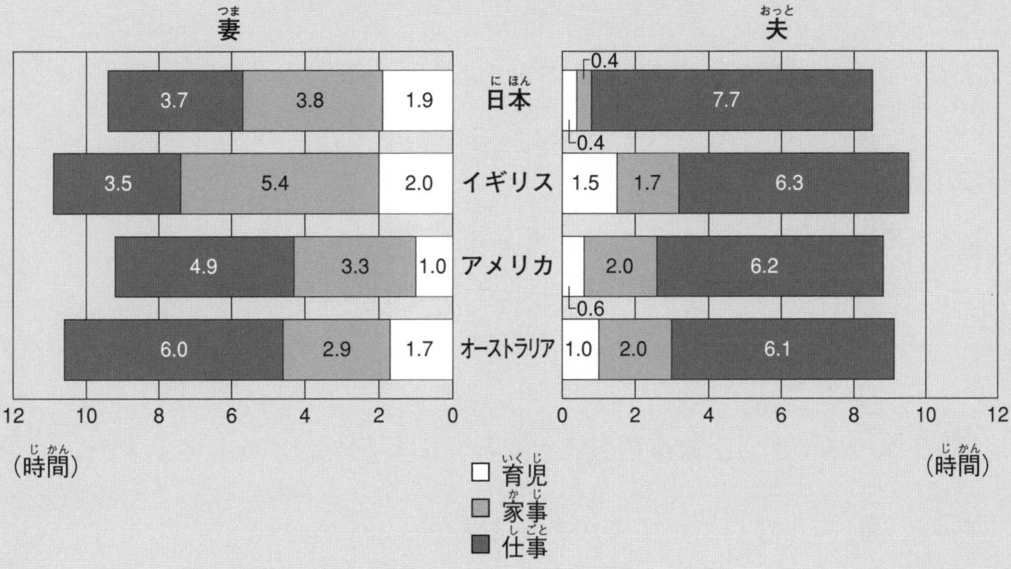

妻
夫
日本
3.7
3.8
1.9
0.4
0.4
7.7
イギリス
3.5
5.4
2.0
1.5
1.7
6.3
アメリカ
4.9
3.3
1.0
0.6
2.0
6.2
オーストラリア
6.0
2.9
1.7
1.0
2.0
6.1
12 10 8 6 4 2 0
0 2 4 6 8 10 12
(時間)
(時間)
育児
家事
仕事

1）家事

次の家事はだれがしますか。

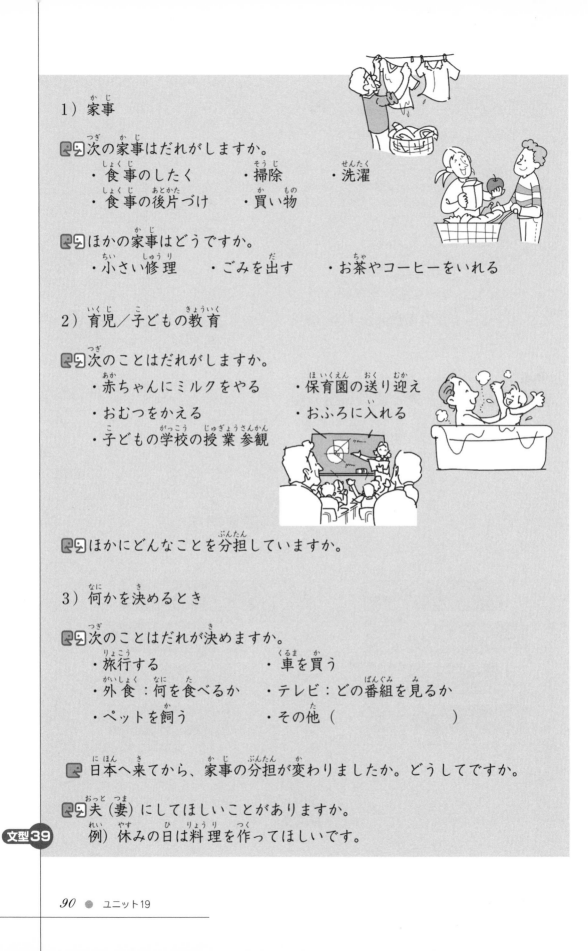

・食事のしたく　・掃除　・洗濯
・食事の後片づけ　・買い物

ほかの家事はどうですか。

・小さい修理　・ごみを出す　・お茶やコーヒーをいれる

2）育児／子どもの教育

次のことはだれがしますか。

・赤ちゃんにミルクをやる　・保育園の送り迎え
・おむつをかえる　・おふろに入れる
・子どもの学校の授業参観

ほかにどんなことを分担していますか。

3）何かを決めるとき

次のことはだれが決めますか。

・旅行する　・車を買う
・外食：何を食べるか　・テレビ：どの番組を見るか
・ペットを飼う　・その他（　　　　　　　）

日本へ来てから、家事の分担が変わりましたか。どうしてですか。

夫（妻）にしてほしいことがありますか。

文型39

例）休みの日は料理を作ってほしいです。

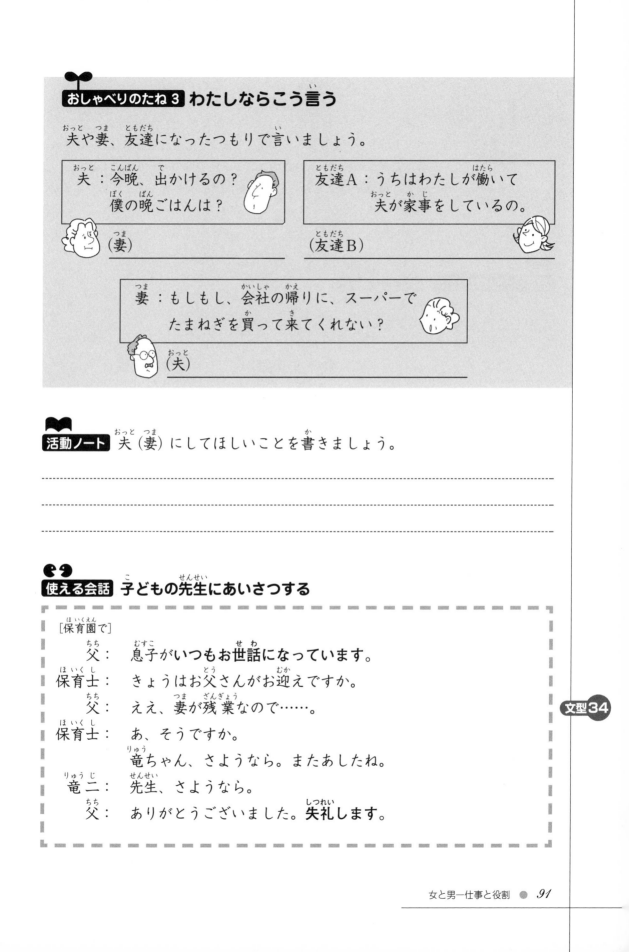

## おしゃべりのたね 3 わたしならこう言う

夫や妻、友達になったつもりで言いましょう。

夫：今晩、出かけるの？
僕の晩ごはんは？

（妻）＿＿＿＿＿＿＿＿

友達A：うちはわたしが働いて
夫が家事をしているの。

（友達B）＿＿＿＿＿＿＿＿

妻：もしもし、会社の帰りに、スーパーで
たまねぎを買って来てくれない？

（夫）＿＿＿＿＿＿＿＿

## 活動ノート 夫（妻）にしてほしいことを書きましょう。

-----------------------------------------------

-----------------------------------------------

-----------------------------------------------

## 使える会話 子どもの先生にあいさつする

［保育園で］

父：　息子がいつも**お世話になっています**。

保育士：　きょうはお父さんがお迎えですか。

父：　ええ、妻が残業なので……。

保育士：　あ、そうですか。
竜ちゃん、さようなら。またあしたね。

竜二：　先生、さようなら。

父：　ありがとうございました。**失礼します**。

文型34

●ユニット 20

# ごみを減らそう

生活していると、毎日たくさんごみが出ます。台所の生ごみ、紙くずやペットボトル、空き缶……。捨てるとき、ちゃんと分別していますか。分け方がわからない人はこのユニットで分別のしかたを覚えましょう。また、環境を守るために、どうすればごみを減らすことができるか、考えてみましょう。

## おしゃべりのたね 1　ごみを分ける

今住んでいる所では、下の絵のごみをどのように分けますか。

| 分け方 | どんなごみ（下の絵） | ごみを出す曜日 |
|---|---|---|
| (例) 燃えるごみ | | |
| | | |
| | | |
| | | |
| | | |

①
②
③
④
⑤
⑥
⑦
⑧
⑨
⑩
⑪
⑫
⑬
⑭
⑮
マヨネーズ

あなたの国では、ごみを分別して捨てますか。どのように分別しますか。

## おしゃべりのたね 2　ごみ問題は環境問題

ごみはどのように処理されますか。

ごみがどんどん増えると、どんな問題が起こりますか。

日本のごみの処理システム

リサイクル工場
焼却場
なまり
ダイオキシン
カドミウム
埋立地

あなたの国で、どんなごみの問題がありますか。

## おしゃべりのたね 3　ごみを減らす

どうしますか。
新しいのを買いますか。

古い時計ですね。修理できますが、部品代が2万円ぐらいかかりますよ。
この腕時計、すぐ止まってしまうんです。修理できますか。

1）もったいない

毎日の生活で、「もったいない」と思うもの（こと）がありますか。

この机、まだ使えるのに…。
粗大ゴミ

町にはどんな「修理屋さん」があリますか。(日本とあなたの国)

傘修理
靴修理

捨てるか、修理するか、どうやって決めますか。
あなたのうちでずっと長く使っているものがありますか。

2）ごみを減らす

あなたはごみを減らすために何か気をつけていますか。
下の表でチェックしてみましょう。

| 気をつけていること | していますか | | |
|---|---|---|---|
| | いつも | 時々 | 全然 |
| 買い物袋を持って買い物に行く | 10点 | 5点 | 0点 |
| 食べ物を残さない | 10点 | 5点 | 0点 |
| まだ使えるものは、必要な人にあげる | 10点 | 5点 | 0点 |
| トイレットペーパーやノートはリサイクル品を買う | 10点 | 5点 | 0点 |
| 空き缶・空き瓶・ペットボトルは資源ごみの日に出す | 10点 | 5点 | 0点 |
| デパートで、包装や紙袋を断る | 10点 | 5点 | 0点 |

50点以上の人：とてもいいです！
30～45点の人：まあまあいいです。でももう少し気をつけましょう。
25点以下の人：もっとごみを減らすようにしてください。
リサイクルするようにしてください。

ごみを減らす方法を考えてみましょう。

①ごみになるものを使わない。使い捨てをやめる。
ほんとうに必要か、よく考えてから買う。
例）紙コップを使わないようにする。

文型16

・

・

・

②買う量や使う量を減らす。

・

・

③もう一度使う。何度も使う。

・

・

④リサイクルする。

・

・

**活動ノート** ごみを減らすために、これから しようと思うことを書きましょう。

**使える会話** **ごみの日をまちがえて謝る**

［アパートのごみ置き場で］

管理人：　ポールさん、そのいす、捨てるんですか。

ポール：　ええ、ここが壊れているんです。

管理人：　きょうは普通ごみの日だから、いすはだめですよ。

ポール：　**あっ、そうなんですか。**

管理人：　粗大ごみは月曜日ですよ。この紙に書いてありますから、よく読んでくださいね。

ポール：　わかりました。**これから気をつけます。**

文型40

# (…… 日本語文法(にほんごぶんぽう)への入り口(いぐち) ……)

1．ことばのグループ
2．動詞(どうし)のグループ
3．動詞(どうし)の形(かたち)
4．丁寧(ていねい)な言(い)い方(かた)と普通(ふつう)の言(い)い方(かた)

ます。

●日本語文法への入り口

# 1. ことばのグループ

## 1）名詞

かばん　時計
先生　山
友達

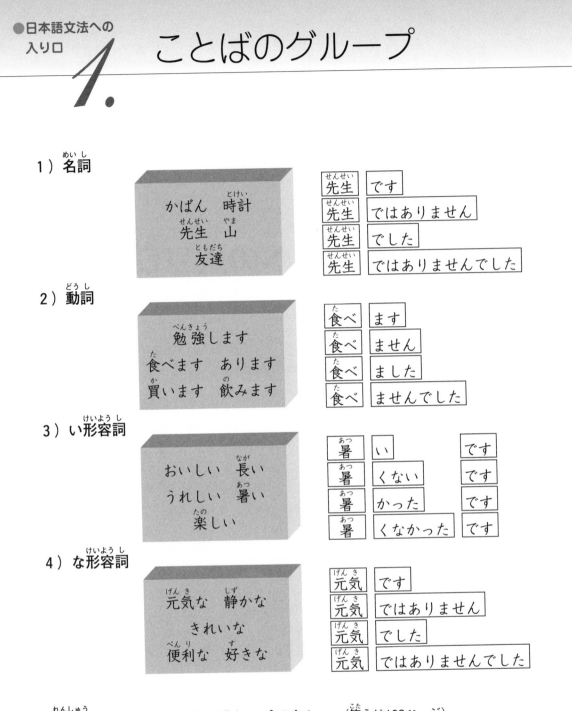

| | |
|---|---|
| 先生 | です |
| 先生 | ではありません |
| 先生 | でした |
| 先生 | ではありませんでした |

## 2）動詞

勉強します
食べます　あります
買います　飲みます

| | |
|---|---|
| 食べ | ます |
| 食べ | ません |
| 食べ | ました |
| 食べ | ませんでした |

## 3）い形容詞

おいしい　長い
うれしい　暑い
楽しい

| | | |
|---|---|---|
| 暑 | い | です |
| 暑 | くない | です |
| 暑 | かった | です |
| 暑 | くなかった | です |

## 4）な形容詞

元気な　静かな
きれいな
便利な　好きな

| | |
|---|---|
| 元気 | です |
| 元気 | ではありません |
| 元気 | でした |
| 元気 | ではありませんでした |

**【練習】1）～4）のどのグループですか。** （答えは102ページ）

①難しい　（　）　②働きます　（　）　③日曜日　（　）　④バス（　）
⑤便利　（　）　⑥おもしろい（　）　⑦結婚します（　）　⑧嫌い（　）
⑨遊びます（　）　⑩眠い　（　）　⑪簡単　（　）　⑫雨　（　）

●日本語文法への入り口 2.

# 動詞のグループ

動詞は3つのグループに分かれます。
「ます」の前の字を長く伸ばして言ってみましょう。「イ」になったらⅠグループです。
Ⅱグループは「ます」の前の音を伸ばすと（　　）になります。※例外の動詞もあります。


**Ⅰグループ**

読み――イます

書き――イます

**Ⅱグループ**

食べ――（＿＿）ます

閉め――（＿＿）ます

（　　）にかなを書いてください

**Ⅲグループ**

来ます

します

（勉強します、買い物します、結婚します…）

○来ます
○します
Ⅲグループの動詞は2つだけ。


**【練習】次の動詞はⅠ～Ⅲのどのグループですか。**

①寝ます（　）　②練習します（　）　③帰ります（　）

④聞きます（　）　⑤休みます（　）　⑥教えます（　）

⑦掃除します（　）　⑧働きます（　）　⑨始めます（　）

⑩来ます（　）　⑪見せます（　）　⑫買います（　）

●日本語文法への入り口 3.

# 動詞の形

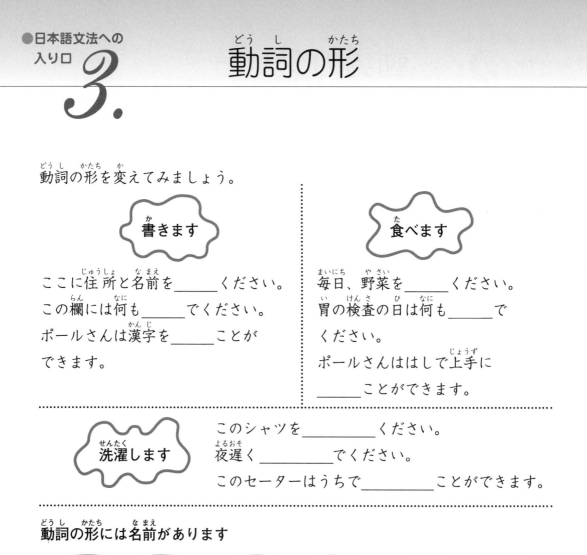

動詞の形を変えてみましょう。

**書きます**

ここに住所と名前を______ください。
この欄には何も______でください。
ポールさんは漢字を______ことができます。

**食べます**

毎日、野菜を______ください。
胃の検査の日は何も______でください。
ポールさんははしで上手に______ことができます。

**洗濯します**

このシャツを________ください。
夜遅く________でください。
このセーターはうちで________ことができます。

**動詞の形には名前があります**

書いて　食べて　洗濯して

**て形**

書か(ない)　食べ(ない)　洗濯し(ない)

**ない形**

書く　食べる　洗濯する

**辞書形**

**【練習】何形ですか。122ページの表を見ながら書きましょう。**

①いっしょに**行って**もいいですか。　（　　　　）形
②漢字を**読む**ことができますか。　（　　　　）形
③国へ**帰ら**なければなりません。　（　　　　）形
④新しい靴を**買い**たいです。　（　　　　）形
⑤今、テレビを**見て**います。　（　　　　）形

●日本語文法への入り口

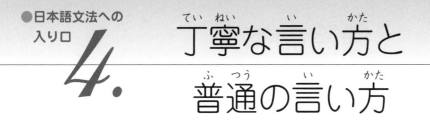

# 4. 丁寧な言い方と普通の言い方

だれと話していると思いますか。○をつけてください。

あした、暇？
じゃ、いっしょに釣りに行かない？
うん。
友達
先生
家族
あした、暇ですか？
じゃ、いっしょに釣りに行きませんか？
ええ。
友達
年上の人
家族

普通の言い方（**普通体**）　　丁寧な言い方（**丁寧体**）

‘普通体’は友達や家族、とても親しい人と話すとき使います。‘丁寧体’は初めて会った人やまだよく知らない人、年上の人と話すときに使います。

**【練習】普通体で話してみましょう。124ページを見ながらやりましょう。**

| **丁寧体** | | **普通体** |
|---|---|---|
| ①たばこを吸いますか。 | ▶ | たばこ、吸う？ |
| …いいえ、吸いません。 | | …ううん、＿＿＿＿＿＿＿＿。 |
| ②あの映画を見ましたか。 | ▶ | あの映画、＿＿＿＿＿＿＿＿？ |
| …いいえ、見ませんでした。 | | …ううん、＿＿＿＿＿＿＿＿。 |
| ③おいしかったですか。 | ▶ | ＿＿＿＿＿＿＿＿？ |
| …いいえ、おいしくなかったです。 | | …ううん、＿＿＿＿＿＿＿＿。 |
| ④元気ですか。 | ▶ | 元気？ |
| …はい、元気です。 | | …うん、＿＿＿＿＿＿＿＿。 |

# 練習の答え

### ●ことばのグループ

①3）　②2）　③1）　④1）　⑤4）　⑥3）　⑦2）　⑧4）　⑨2）
⑩3）　⑪4）　⑫1）

### ●動詞のグループ

①Ⅱ　②Ⅲ　③Ⅰ　④Ⅰ　⑤Ⅰ　⑥Ⅱ　⑦Ⅲ　⑧Ⅰ　⑨Ⅱ　⑩Ⅲ　⑪Ⅱ　⑫Ⅰ

### ●動詞の形

①て　②辞書　③ない　④ます　⑤て

### ●丁寧な言い方と普通の言い方

①吸わない　②見た　見なかった　③おいしかった　おいしくなかった
④元気

# (…… ユニットに出てくる文型 ……)

## ●ユニット 1

**文型 1** ドルジはモンゴル語で「強くて固い」という意味です。

**～は～という意味です**

・あの漢字はどういう意味ですか。
…お金を払わなくてもいいという意味です。

無料
8-20

・このマークはどういう意味ですか。
… 車を止めてはいけないという意味です。

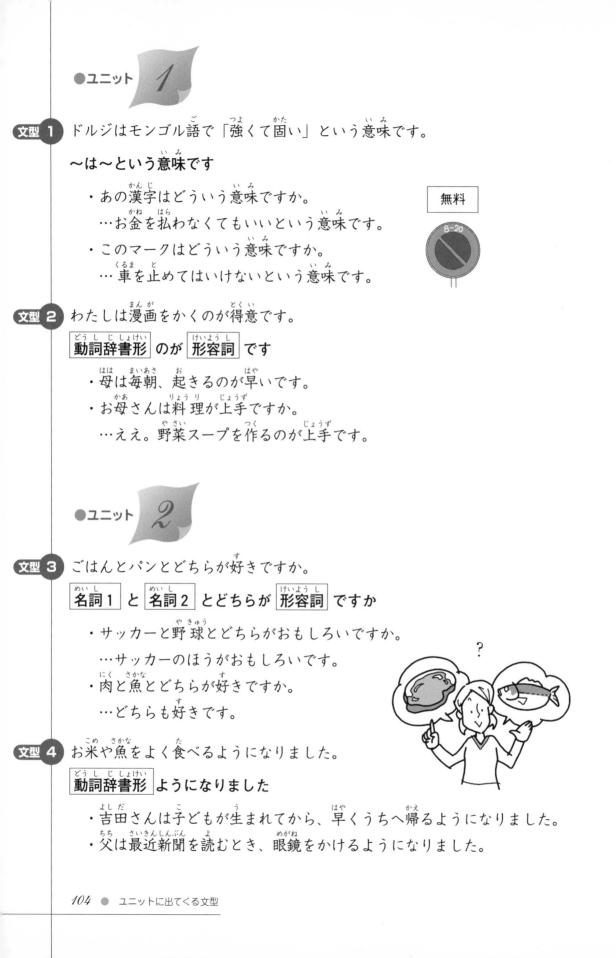

**文型 2** わたしは漫画をかくのが得意です。

**[動詞辞書形] のが [形容詞] です**

・母は毎朝、起きるのが早いです。
・お母さんは料 理が上手ですか。
…ええ。野菜スープを作るのが上手です。

## ●ユニット 2

**文型 3** ごはんとパンとどちらが好きですか。

**[名詞1] と [名詞2] とどちらが [形容詞] ですか**

・サッカーと野 球とどちらがおもしろいですか。
…サッカーのほうがおもしろいです。
・肉と魚とどちらが好きですか。
…どちらも好きです。

?

**文型 4** お米や魚をよく食べるようになりました。

**[動詞辞書形] ようになりました**

・吉田さんは子どもが生まれてから、早くうちへ帰るようになりました。
・父は最近新聞を読むとき、眼鏡をかけるようになりました。

●ユニット 3

**文型 5** 郵便局の前に「十字屋」という小さいスーパーがあります。

**名詞1** という **名詞2**

・国の友達が来るんですが、この辺でお勧めのレストラン、ありませんか？
…駅前に「やまと屋」という日本料理の店がありますよ。

・かわいい猫ですね。何という種類ですか。
…ヒマラヤンです。

日本料理
やまと屋


**文型 6** このドライヤー、先週こちらで買ったばかりなんですが、熱風が出てこないんです。

**動詞た形** ばかりです

・新しい携帯電話はどうですか。
…先週買ったばかりなので、まだ使い方がよくわかりません。

・いつ日本へ来たんですか。
…先月来たばかりです。

**文型 7** 線が切れているようなんですが……。

**動詞 / い形容詞 } 普通形**
**な形容詞普通形～~~だ~~ → な**
**名詞　普通形～~~だ~~ → の**
ようです

・隣の家、にぎやかですね。
…ええ。子どもの誕生日パーティーをしているようですよ。

・かぎもかかっているし、カーテンも閉まっていますね。
…ええ。留守のようですね。

## ●ユニット 4

**文型 8** 日本では、座って目上の人と話すとき、足を組まないほうがいいです。

**動詞た形／動詞ない形ない** **ほうがいいです**

・天気予報で、夜は雨が降るって言っていたから、傘を持って行ったほうがいいですよ。
…はい、そうします。

・かぜがはやっているときは、人がたくさん集まる所へ行かないほうがいいです。

**文型 9** タイでは、子どもの頭をなでてはいけません。

**動詞て形** **はいけません**

・日本では自転車に2人乗りしてはいけないんですよ。
…そうですか。知りませんでした。

・病院の中で携帯電話を使ってはいけません。

**文型 10** もうチケットも買ってあるし。

**動詞て形** **あります**

・今から出かけるけど、晩ごはんはカレーが作ってあるから、レンジで温めて食べて。

・あのレストラン、7時ごろはいつも込んでいるから、早く行ったほうがいいですね。
…大丈夫ですよ。予約してありますから。

## ●ユニット 5

**文型11** タクシーにカメラを忘(わす)れて、慌(あわ)てました。

**動詞(どうし)て形(けい)** ／ **動詞(どうし)ない形(けい)** なくて、～
**い形容詞(けいようし)**（~~い~~）くて、～
**な形容詞(けいようし)**（~~な~~）で、～
**名詞(めいし)** で、～

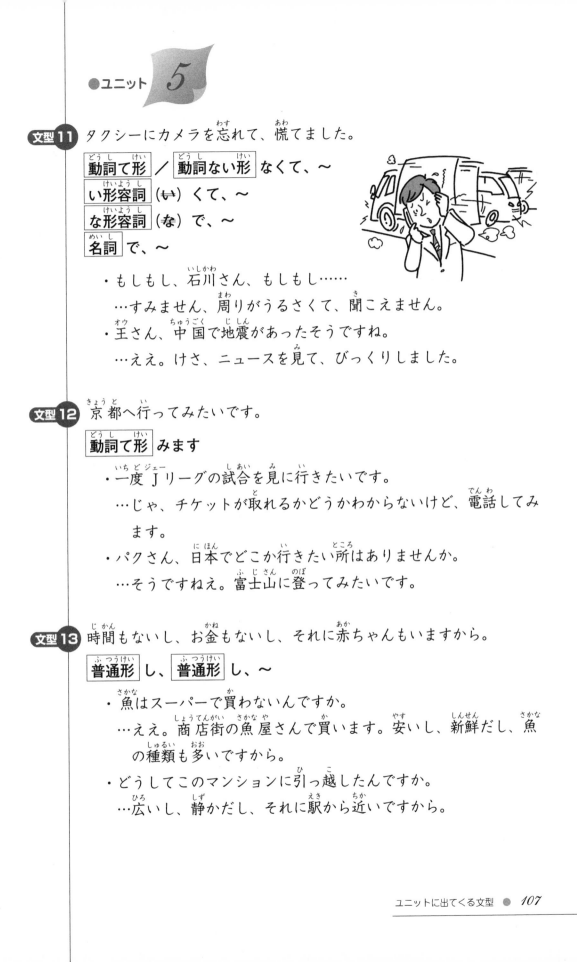

・もしもし、石川(いしかわ)さん、もしもし……
　…すみません、周(まわ)りがうるさくて、聞(き)こえません。
・王(オウ)さん、中国(ちゅうごく)で地震(じしん)があったそうですね。
　…ええ。けさ、ニュースを見(み)て、びっくりしました。

**文型12** 京都(きょうと)へ行(い)ってみたいです。

**動詞(どうし)て形(けい)** みます

・一度(いちど)Ｊ(ジェー)リーグの試合(しあい)を見(み)に行(い)きたいです。
　…じゃ、チケットが取(と)れるかどうかわからないけど、電話(でんわ)してみます。
・パクさん、日本(にほん)でどこか行(い)きたい所(ところ)はありませんか。
　…そうですねえ。富士山(ふじさん)に登(のぼ)ってみたいです。

**文型13** 時間(じかん)もないし、お金(かね)もないし、それに赤(あか)ちゃんもいますから。

**普通形(ふつうけい)** し、**普通形(ふつうけい)** し、～

・魚(さかな)はスーパーで買(か)わないんですか。
　…ええ。商店街(しょうてんがい)の魚屋(さかなや)さんで買(か)います。安(やす)いし、新鮮(しんせん)だし、魚(さかな)の種類(しゅるい)も多(おお)いですから。
・どうしてこのマンションに引(ひ)っ越(こ)したんですか。
　…広(ひろ)いし、静(しず)かだし、それに駅(えき)から近(ちか)いですから。

## ●ユニット 6

### 文型14 アパートなので、飼えないんです。

| | | |
|---|---|---|
| 動詞<br>い形容詞 | 普通形 | んです |
| な形容詞<br>名詞 | 普通形<br>~~だ~~ → な | |

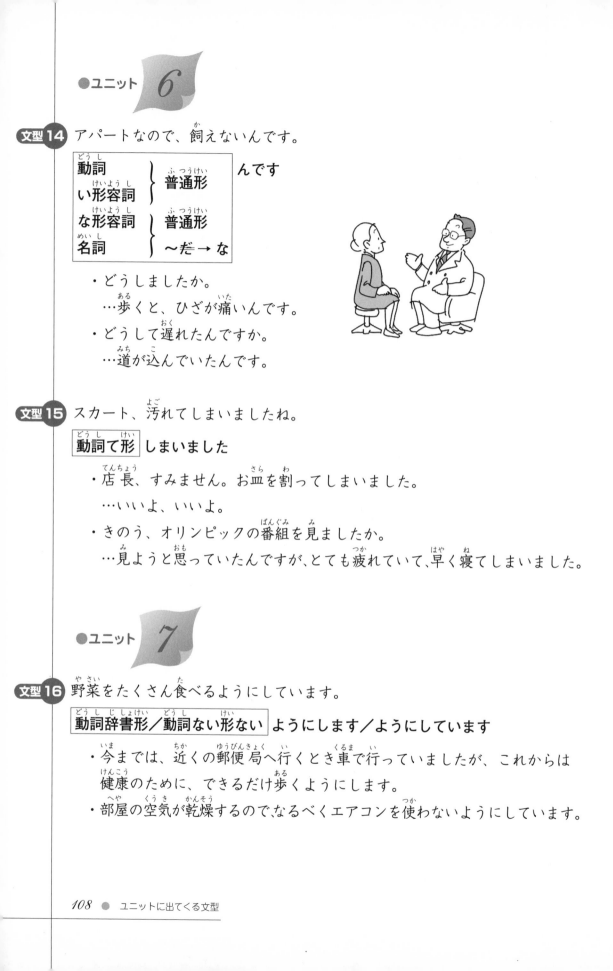

- どうしましたか。
  …歩くと、ひざが痛いんです。
- どうして遅れたんですか。
  …道が込んでいたんです。

### 文型15 スカート、汚れてしまいましたね。

**動詞て形** しまいました

- 店長、すみません。お皿を割ってしまいました。
  …いいよ、いいよ。
- きのう、オリンピックの番組を見ましたか。
  …見ようと思っていたんですが、とても疲れていて、早く寝てしまいました。

## ●ユニット 7

### 文型16 野菜をたくさん食べるようにしています。

**動詞辞書形／動詞ない形ない** ようにします／ようにしています

- 今までは、近くの郵便局へ行くとき車で行っていましたが、これからは健康のために、できるだけ歩くようにします。
- 部屋の空気が乾燥するので、なるべくエアコンを使わないようにしています。

**文型8** うちへ帰って、休んだほうがいいですよ。

**動詞た形／動詞ない形ない ほうがいいです**

＊ユニット4を見てください。

## ●ユニット 8

**文型17** 町で焼き栗の屋台を見ると、秋が来たなあと思います。

**動詞辞書形 と、～**

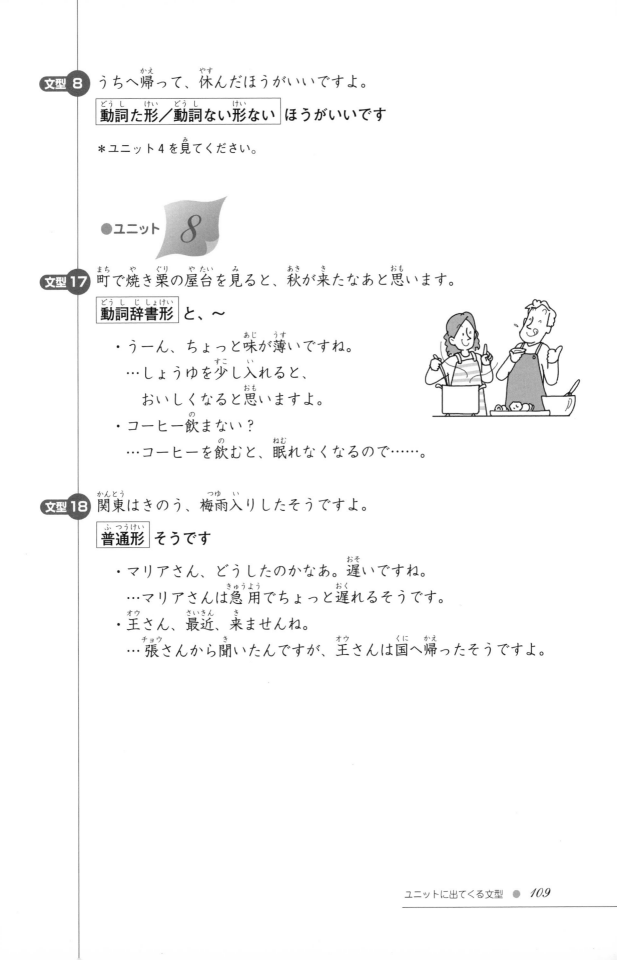

・うーん、ちょっと味が薄いですね。
…しょうゆを少し入れると、
おいしくなると思いますよ。
・コーヒー飲まない？
…コーヒーを飲むと、眠れなくなるので……。

**文型18** 関東はきのう、梅雨入りしたそうですよ。

**普通形 そうです**

・マリアさん、どうしたのかなあ。遅いですね。
…マリアさんは急用でちょっと遅れるそうです。
・王さん、最近、来ませんね。
…張さんから聞いたんですが、王さんは国へ帰ったそうですよ。

## ●ユニット 9

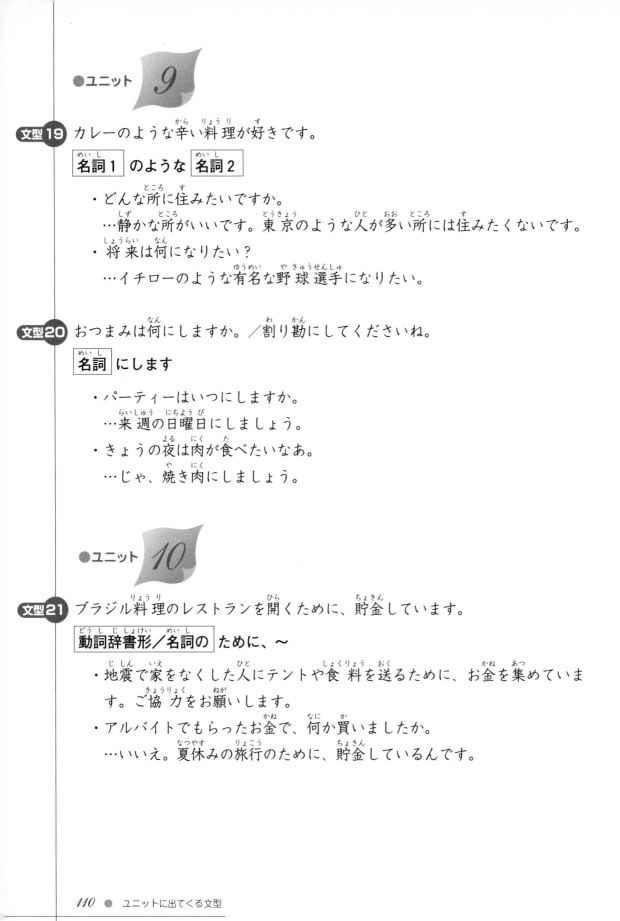

**文型19** カレーのような辛い料理が好きです。

**名詞1** のような **名詞2**

・どんな所に住みたいですか。
…静かな所がいいです。東京のような人が多い所には住みたくないです。
・将来は何になりたい？
…イチローのような有名な野球選手になりたい。

**文型20** おつまみは何にしますか。／割り勘にしてくださいね。

**名詞** にします

・パーティーはいつにしますか。
…来週の日曜日にしましょう。
・きょうの夜は肉が食べたいなあ。
…じゃ、焼き肉にしましょう。

## ●ユニット 10

**文型21** ブラジル料理のレストランを開くために、貯金しています。

**動詞辞書形／名詞の** ために、～

・地震で家をなくした人にテントや食料を送るために、お金を集めています。ご協力をお願いします。
・アルバイトでもらったお金で、何か買いましたか。
…いいえ。夏休みの旅行のために、貯金しているんです。

**文型22** 名刺サイズで、胸ポケットに入れるのにちょうどいいんですよ。

**動詞辞書形の／名詞** **に～**

・人が大勢並んでいて、切符を買うのに時間がかかりました。

・新しいアパートに引っ越ししたんですか。

…ええ。駅から近いので、通勤に便利なんです。

**文型23** わたしもデジカメを買おうと思っているんですけど、どこか安い店、ありませんか。

**動詞意向形** **と思っています**

・休みに北海道へスキーに行こうと思っているんですが、ポールさん、いっしょに行きませんか。

…ええ、ぜひお願いします。

・きのう借りたビデオ、もう見ましたか。

…いいえ、まだです。今晩、友達といっしょに見ようと思っています。

## ●ユニット 11

**文型24** 毎日１万歩、歩いています。

**動詞て形** **います**

・毎朝、近くの公園を散歩しています。

・どこで日本語を勉強しているんですか。

…毎週金曜日、日本語教室に行っています。

**文型12** スカイダイビングをやってみたいです。

**動詞て形** **みます**

＊ユニット5を見てください。

**文型25** 頑張れ！

**命令形**

・走れ！　行け！

●ユニット 12

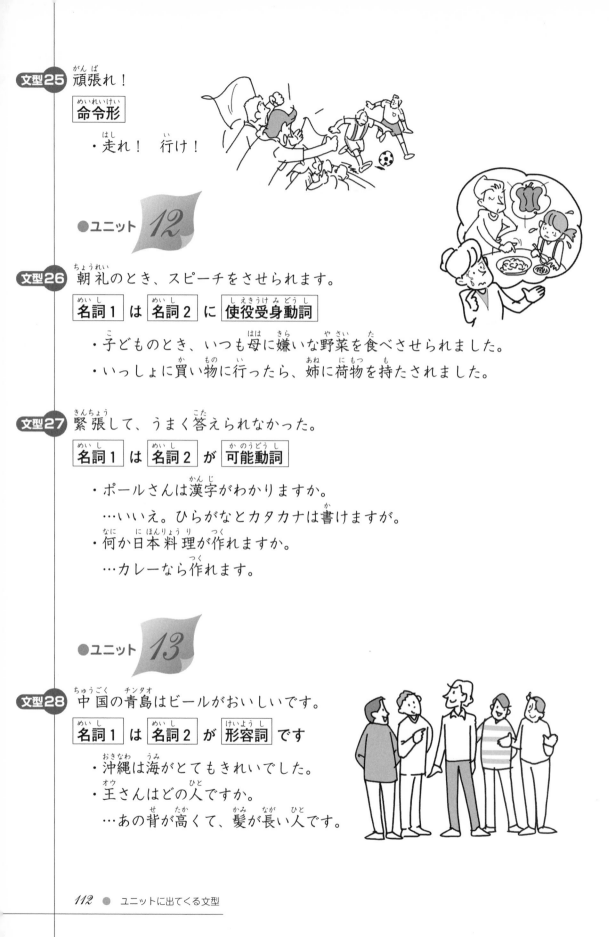

**文型26** 朝礼のとき、スピーチをさせられます。

**名詞1** は **名詞2** に **使役受身動詞**

・子どものとき、いつも母に嫌いな野菜を食べさせられました。
・いっしょに買い物に行ったら、姉に荷物を持たされました。

**文型27** 緊張して、うまく答えられなかった。

**名詞1** は **名詞2** が **可能動詞**

・ポールさんは漢字がわかりますか。
…いいえ。ひらがなとカタカナは書けますが。
・何か日本料理が作れますか。
…カレーなら作れます。

●ユニット 13

**文型28** 中国の青島はビールがおいしいです。

**名詞1** は **名詞2** が **形容詞** です

・沖縄は海がとてもきれいでした。
・王さんはどの人ですか。
…あの背が高くて、髪が長い人です。

**文型29** 今からお茶を飲みに行くところなんですけど、いっしょにいかがですか。

3


**動詞辞書形／動詞て形いる／動詞た形** **ところです**

・あのう、嵐山行きのバスは何番ですか。
…3番ですが。あっ、たった今出たところですね。

・今、ちょっといい？
…すみません。今から出かけるところなんです。

**文型30** とても暮らしやすいですね。

**動詞ます形** **やすいです**

・この新聞は字が大きくて、読みやすいです。

・どんな靴をお探しですか。
…歩きやすい靴が欲しいんですが。

## ●ユニット 14

**文型15** トイレに落としてしまいました。

**動詞て形** **しまいました**

＊ユニット6を見てください。

**文型13** お金もかかるし、それに親に秘密を持つし、反対です。

**普通形** **し、** **普通形** **し、～**

＊ユニット5を見てください。

## ●ユニット 15

**文型31** マリアさん、わたし、3月に結婚することになったの。

**動詞辞書形／ない形** ことになりました

・母が入院することになったので、来週ちょっと国へ帰ります。

・ことしの社員旅行はどこへ行くんですか。

…参加者が少ないので、社員旅行はしないことになったんです。

**文型32** 結婚式はしないで、レストランで結婚パーティーをするんだけど、マリアさんもぜひ来て。

**動詞1 ない形** ないで、**動詞2**

・日曜日、どこか行きましたか。

…いいえ。どこも行かないで、うちでゆっくり休みました。

・きのうは寝ないで、試験勉強をしました。

## ●ユニット 16

**文型33** 空港でスーツケースをとられました。

**名詞1** は **名詞2** に **持ち物／体の一部** を **受身動詞**

・母はきのう、駅前で若い男にかばんをとられました。

・電車の中で隣の人に足を踏まれました。

**文型34** 病院へ連れて行きたいので、すみませんが下の子を預かっていただけませんか。

| | | |
|---|---|---|
| 動詞<br>い形容詞 | 普通形 | ので、～ |
| な形容詞<br>名詞 | 普通形<br>～だ → な | |

・うちは家族が6人なので、大きい車を買いました。

・これから飲みに行くんですが、いっしょにどうですか。
…すみません。国から両親が来ているので、きょうは失礼します。

**文型35** 病院へ連れて行きたいので、すみませんが下の子を預かっていただけませんか。

**動詞て形** いただけませんか

・この机を隣の部屋に運びたいんですが、ちょっと手伝っていただけませんか。

・よかったら、メールアドレスを教えていただけませんか。

## ●ユニット 17

**文型36** お祭りの飾りを作っておきます。

**動詞て形** おきます

・あしたの朝、5時に起きられますか。
…はい。目覚まし時計をセットしておきます。

・次の連休に温泉に行きたいですね。
…じゃ、インターネットで調べておきます。

**文型37** 日曜日は忙しいので、行けるかどうか……。

| | | |
|---|---|---|
| 動詞<br>い形容詞 | 普通形 | かどうか、～ |
| な形容詞<br>名詞 | 普通形～~~だ~~ | |

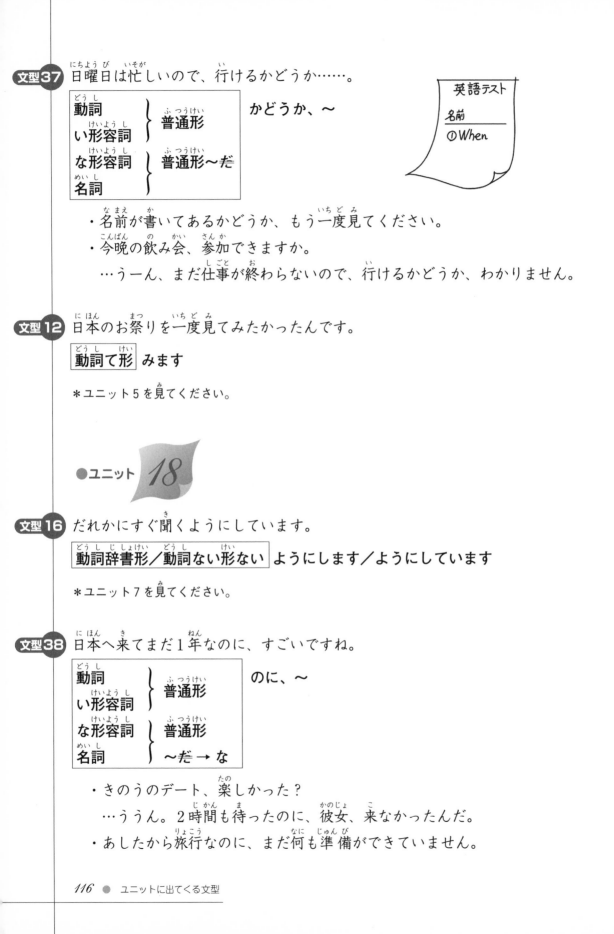

英語テスト
名前
①When

・名前が書いてあるかどうか、もう一度見てください。
・今晩の飲み会、参加できますか。
…うーん、まだ仕事が終わらないので、行けるかどうか、わかりません。

**文型12** 日本のお祭りを一度見てみたかったんです。

**動詞て形** みます

＊ユニット5を見てください。

## ●ユニット 18

**文型16** だれかにすぐ聞くようにしています。

**動詞辞書形／動詞ない形ない** ようにします／ようにしています

＊ユニット7を見てください。

**文型38** 日本へ来てまだ1年なのに、すごいですね。

| | | |
|---|---|---|
| 動詞<br>い形容詞 | 普通形 | のに、～ |
| な形容詞<br>名詞 | 普通形<br>～~~だ~~ → な | |

・きのうのデート、楽しかった？
…ううん。2時間も待ったのに、彼女、来なかったんだ。
・あしたから旅行なのに、まだ何も準備ができていません。

## ●ユニット 19

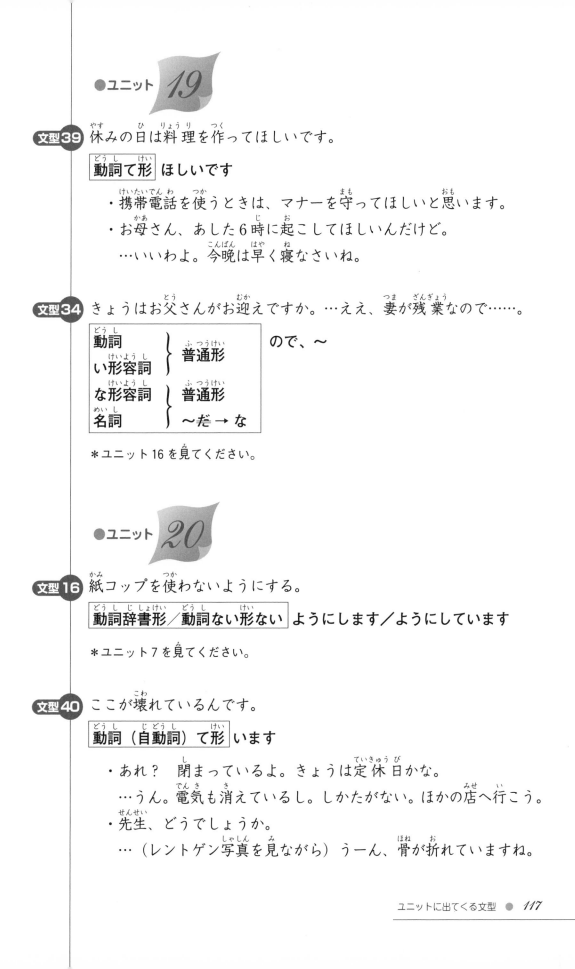

**文型39** 休みの日は料理を作ってほしいです。

**動詞て形** ほしいです

・携帯電話を使うときは、マナーを守ってほしいと思います。

・お母さん、あした6時に起こしてほしいんだけど。
…いいわよ。今晩は早く寝なさいね。

**文型34** きょうはお父さんがお迎えですか。…ええ、妻が残業なので……。

| | | |
|---|---|---|
| 動詞<br>い形容詞 | 普通形 | ので、〜 |
| な形容詞<br>名詞 | 普通形<br>〜~~だ~~ → な | |

＊ユニット16を見てください。

## ●ユニット 20

**文型16** 紙コップを使わないようにする。

**動詞辞書形／動詞ない形ない** ようにします／ようにしています

＊ユニット7を見てください。

**文型40** ここが壊れているんです。

**動詞（自動詞）て形** います

・あれ？　閉まっているよ。きょうは定休日かな。
…うん。電気も消えているし。しかたがない。ほかの店へ行こう。

・先生、どうでしょうか。
…（レントゲン写真を見ながら）うーん、骨が折れていますね。

# 資料

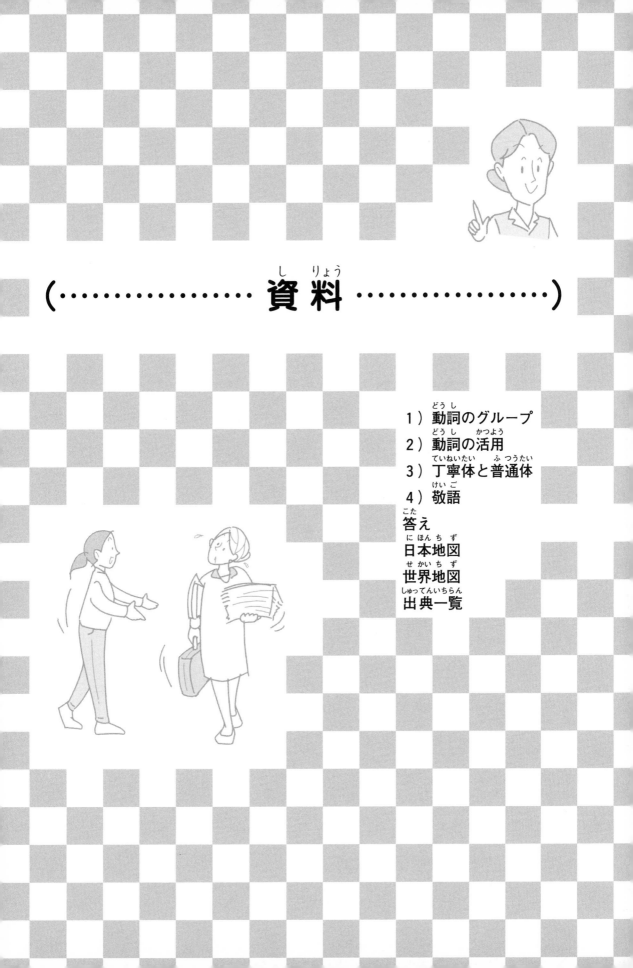

## 1）動詞（どうし）のグループ

| Ⅰ（いち）グループ | Ⅱ（に）グループ | Ⅲ（さん）グループ |
|---|---|---|
| i ます | e ます | します |
| かきます | ねます | べんきょうします |
| ききます | たべます | けっこんします |
| およぎます | かけます | かいものします |
| いそぎます | おしえます | |
| のみます | しめます | |
| よみます | | |
| あそびます | ………………………… | ………………………… |
| よびます | （例外（れいがい）） i ます | きます |
| かえります | | |
| とります | みます | |
| まちます | います | |
| もちます | おきます | |
| かいます | かります | |
| あいます | | |
| かします | | |
| はなします | | |

## 2）動詞の活用

| | ます形 | | 辞書形 | ない形 | | て形 | た形 | 意向形 | 命令形 | 条件形 | 可能 | 受身・尊敬 | 使役 | 使役受身 |
|---|---|---|---|---|---|---|---|---|---|---|---|---|---|---|
| Ⅰグループ | かき | ます | かく | かか | ない | かいて | かいた | かこう | かけ | かけば | かけます | かかれます | かかせます | かかされます |
| | いき | ます | いく | いか | ない | いって | いった | いこう | いけ | いけば | いけます | いかれます | いかせます | いかされます |
| | いそぎ | ます | いそぐ | いそが | ない | いそいで | いそいだ | いそごう | いそげ | いそげば | いそげます | いそがれます | いそがせます | いそがされます |
| | のみ | ます | のむ | のま | ない | のんで | のんだ | のもう | のめ | のめば | のめます | のまれます | のませます | のまされます |
| | あそび | ます | あそぶ | あそば | ない | あそんで | あそんだ | あそぼう | あそべ | あそべば | あそべます | あそばれます | あそばせます | あそばされます |
| | もち | ます | もつ | もた | ない | もって | もった | もとう | もて | もてば | もてます | もたれます | もたせます | もたされます |
| | かえり | ます | かえる | かえら | ない | かえって | かえった | かえろう | かえれ | かえれば | かえれます | かえられます | かえらせます | かえらされます |
| | つかい | ます | つかう | つかわ | ない | つかって | つかった | つかおう | つかえ | つかえば | つかえます | つかわれます | つかわせます | つかわされます |
| | はなし | ます | はなす | はなさ | ない | はなして | はなした | はなそう | はなせ | はなせば | はなせます | はなされます | はなさせます | はなさせられます |
| | | | | | | | | | | | | | | |
| Ⅱグループ | たべ | ます | たべる | たべ | ない | たべて | たべた | たべよう | たべろ | たべれば | たべられます | たべられます | たべさせます | たべさせられます |
| | み | ます | みる | み | ない | みて | みた | みよう | みろ | みれば | みられます | みられます | みさせます | みさせられます |
| | | | | | | | | | | | | | | |
| Ⅲグループ | し | ます | する | し | ない | して | した | しよう | しろ | すれば | できます | されます | させます | させられます |
| | き | ます | くる | こ | ない | きて | きた | こよう | こい | くれば | こられます | こられます | こさせます | こさせられます |
| | | | | | | | | | | | | | | |

## て形・た形

| | ます形 | | て形 | た形 |
|---|---|---|---|---|
| Iグループ | かきます | → | かいて | かいた |
| | いきます | → | ＊いって | ＊いった |
| | いそぎます | → | いそいで | いそいだ |
| | のみます | → | のんで | のんだ |
| | あそびます | → | あそんで | あそんだ |
| | かえります | → | かえって | かえった |
| | かいます | → | かって | かった |
| | まちます | → | まって | まった |
| | はなします | → | はなして | はなした |
| IIグループ | たべます | → | たべて | たべた |
| | ねます | → | ねて | ねた |
| | あけます | → | あけて | あけた |
| | みます | → | みて | みた |
| | おきます | → | おきて | おきた |
| IIIグループ | します | → | して | した |
| | きます | → | きて | きた |

＊例外

## 3）丁寧体と普通体

| | 肯定 | | 否定 | |
|---|---|---|---|---|
| | 丁寧体 | 普通体 | 丁寧体 | 普通体 |
| 動詞 | 見ます | 見る | 見ません | 見ない |
| | 見ています | 見ている | 見ていません | 見ていない |
| | 見ました | 見た | 見ませんでした | 見なかった |
| い形容詞 | 大きいです | 大きい | 大きくないです | 大きくない |
| | 大きかったです | 大きかった | 大きくなかったです | 大きくなかった |
| な形容詞 | 暇です | 暇だ | 暇じゃありません | 暇じゃない |
| | 暇でした | 暇だった | 暇じゃありませんでした | 暇じゃなかった |
| 名詞 | 雨です | 雨だ | 雨じゃありません | 雨じゃない |
| | 雨でした | 雨だった | 雨じゃありませんでした | 雨じゃなかった |

上の表は文中で使われるときは丁寧形、普通形になります。

## 4）敬　語

敬語は会社の上司、学校の先生など、目上の人と話すときや、店などで店の人がお客さんと話すとき、使います。

### 【敬語の作り方】

1）謙譲語（自分の動作を言うとき、使います）

① お **動詞（Ⅰ、Ⅱグループ）ます形** します

　 ご **動詞（Ⅲグループ）** します

　 私がお部屋へご案内します。

先生、荷物をお持ちします。


2）尊敬語（目上の人の動作を言うとき、使います）

② **（ら）れます**　※動詞の受身形と同じ

　 課長は何時ごろ帰られましたか。

③ お **動詞ます形** **になります**

　 部長、何かお飲みになりますか。

④ お **動詞ます形** **ください**　※「～てください」の尊敬表現

　 しばらくお待ちください。

3）特別な言い方

| | 目上の人の動作（尊敬語） | 自分の動作（謙譲語） |
|---|---|---|
| 行きます・来ます | いらっしゃいます | 参ります |
| います | いらっしゃいます | おります |
| 食べます・飲みます | 召し上がります | いただきます |
| 見ます | ご覧になります | 拝見します |
| 言います | おっしゃいます | 申し上げます・申します |
| します | なさいます | いたします |
| 聞きます | | 伺います |
| 知っています | ご存じです | 存じております |
| 知りません | | 存じません |
| 会います | | お目にかかります |

# 答え

## ●ユニット 2 ことばさがしゲーム

| | | | | | | |
|---|---|---|---|---|---|---|
| ア | ル | ミ | サ | ツ | シ | |
| ル | コ | ッ | プ | イ | ャ | コ |
| バ | ジ | コ | レ | モ | ン | ル |
| イ | ャ | ー | ゼ | セ | プ | ク |
| ト | ズ | ラ | ン | サ | ー | ラ |
| ト | マ | ト | ト | ズ | ル | ス |

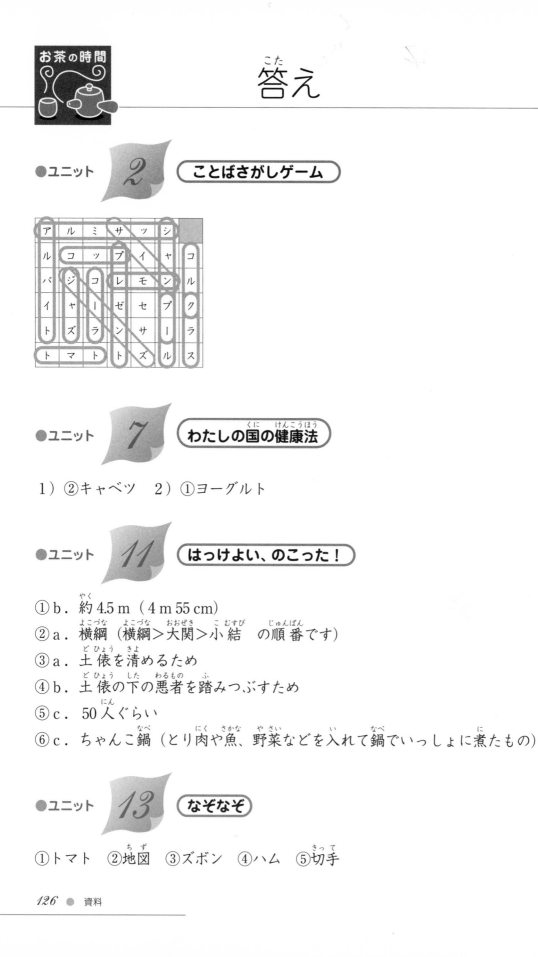

## ●ユニット 7 わたしの国の健康法

1）②キャベツ　2）①ヨーグルト

## ●ユニット 11 はっけよい、のこった！

①b．約4.5 m（4 m 55 cm）
②a．横綱（横綱＞大関＞小結　の順番です）
③a．土俵を清めるため
④b．土俵の下の悪者を踏みつぶすため
⑤c．50人ぐらい
⑥c．ちゃんこ鍋（とり肉や魚、野菜などを入れて鍋でいっしょに煮たもの）

## ●ユニット 13 なぞなぞ

①トマト　②地図　③ズボン　④ハム　⑤切手

# 出典一覧　URLは2011年8月25日現在のものです。

34ページ　「新婚旅行の行き先（海外）」表
goo リサーチ・オールアバウト共同調査「新婚旅行についてのアンケート」
http://research.goo.ne.jp/database/data/000818/

36ページ　「人気ペットベスト５」表
内閣府大臣官房政府広報室「動物愛護に関する世論調査（平成22年9月調査）」図5
http://www8.cao.go.jp/survey/h22/h22-doubutu/zh/z05.html

46ページ　「月別平均気温（那覇・東京・札幌）」グラフ
気象庁「過去の気象データ検索」
http://www.data.jma.go.jp/obd/stats/etrn/index.php

49ページ　「日本人の好きな晩ごはん」表
マイボイスコム(株)調べ「夕食のメニュー」
http://www.myvoice.co.jp/biz/surveys/9701/index.html

56ページ　「日本人がよくするスポーツ」表
57ページ　「テレビで見るスポーツ」表
笹川スポーツ財団「スポーツライフに関する調査」2010

61ページ　「将来就きたい職業（高校生）」グラフ
財団法人日本青少年研究所「高校生の意欲に関する調査報告書」

64ページ　「地方の特色」図　データ
北海道
農林水産省「平成21年産野菜生産出荷統計」ばれいしょ（じゃがいも）－計
http://www.e-stat.go.jp/SG1/estat/List.do?lid=000001074453
山形・秋田
総務省統計局「平成18年社会生活基本調査」14 表
http://www.e-stat.go.jp/SG1/estat/List.do?bid=000001027245&cycode=0
富山、神奈川、愛知、熊本、東京
読売新聞東京本社編集局校閲部『[最新版]都道府県別データブック』PHP研究所
沖縄
厚生労働省「百歳高齢者に対する祝状及び記念品の贈呈について」
http://www.mhlw.go.jp/houdou/2009/09/dl/h0911-3g.pdf
高知
総務省統計局「家計調査（二人以上の世帯）　都道府県庁所在市及び政令指定都市別ランキング（平成20～22年平均）」 http://www.stat.go.jp/data/kakei/5.htm
大阪
総務省統計局「平成18年事業所・企業統計調査」
http://www.stat.go.jp/data/jigyou/2006/index.htm

72ページ　「出会ったきっかけ（％）」グラフ
73ページ　「結婚することは利点があるか（％）」グラフ
国立社会保障・人口問題研究所「第13回出生動向基本調査」
http://www.ipss.go.jp/site-ad/index_Japanese/population.html

74ページ　「未婚の母を認めますか」グラフ
電通　電通総研、日本リサーチセンター『世界主要国価値観データブック』同友館 2008年

89ページ　「夫婦の育児・家事・仕事時間（共働き家庭）」グラフ
内閣府「男女共同参画白書平成19年版」第1―特―20図
OECD「Employment Outlook 2001」、総務省「社会生活基本調査」（平成13年）より作成
http://www.gender.go.jp/whitepaper/h19/zentai/danjyo/html/zuhyo/fig01_00_20.html

監修
西口光一　大阪大学　名誉教授
広島大学森戸国際高等教育学院　特任教授

著者
澤田幸子　合同会社 おおぞら日本語サポート　役員、日本語教師
武田みゆき　日本語教師
福家枝里　大阪YWCA　日本語非常勤講師
三輪香織　日本語教師

本文・カバーイラスト
内山洋見

装丁・本文デザイン
山田武

# 日本語（にほんご）　おしゃべりのたね　第2版（だいはん）

2006年7月3日　初版第1刷発行
2011年10月12日　第2版第1刷発行
2022年11月7日　第2版第8刷発行

著　者　澤田幸子（さわださちこ）　武田みゆき（たけだ）　福家枝里（ふけえり）　三輪香織（みわかおり）
発行者　藤嵜政子
発　行　株式会社　スリーエーネットワーク
〒102-0083 東京都千代田区麹町3丁目4番
トラスティ麹町ビル2F
電話　営業　03(5275)2722
編集　03(5275)2725
https://www.3anet.co.jp/
印　刷　倉敷印刷株式会社

ISBN978-4-88319-585-5　C0081
落丁・乱丁本はお取替えいたします。

# 『日本語 おしゃべりのたね 第2版』
# 別冊

## *1.*

「ユニット1～20」の活動の手引き

## *2.*

「日本語文法への入り口」の
活動の手引き

スリーエーネットワーク

# 1.

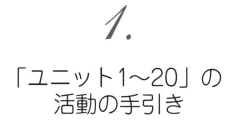

## 「ユニット1～20」の
## 活動の手引き

## ●ユニット 1 はじめまして

**[こんな活動です]**

学習者とボランティアが、初めて顔を合わせたときの活動です。まずお互いの国のことばや文字を教え合って、関係作りをしますが、ここでは学習者に「教える側」になってもらうことがねらいです。また「自己紹介」はお互いのことを知ると同時に、学習者が教室外で新しい「場」に参加したり、初対面の人と話すとき、うまく自分のことを相手に伝え、スムーズに人の輪の中へ入っていくのに役に立ちます。

**[用意しておこう]** はがき半分ぐらいの大きさの紙を活動人数に応じて適当枚数（あいさつカードに使う）

**[活動のヒント・ポイント]**

**おしゃべりのたね 1**

・あいさつカードは相手の国の文字を教えてもらって、自分で書きます。ボランティアと学習者間だけでなく、学習者同士であいさつを教え合うのもいいでしょう。

・初対面の人に自分の国のことばであいさつされるとうれしいものです。いろいろな国のことばでカードを作っておくと、楽しいでしょう。

**おしゃべりのたね 2**

・外国人の名前は、日本人には聞き取りにくいことがあります。学習者に日本人に間違えられた経験がないか聞いてください。

・名前の説明は、テキストをヒントにいっしょに考えましょう。学習者が実際に使えるよう、あまり難しい説明にならないようにしてください。

**おしゃべりのたね 3**

・名前の意味は、うまく説明できない場合は深入りせず、言える範囲で言ってもらいます。

・欧米系の学習者で、名前には特に意味がないというようなときは、アングロサクソン系、ゲルマン系など、どこの由来の名前か聞くといいでしょう。

・子どもがいる人なら、子どもの名前について話すのもいいでしょう。

・日本で多い名字は佐藤、鈴木、高橋、田中、渡辺などです。イラストの‘大翔’‘さくら’は2010年の「こどもの名前ランキング」の1位です。

**おしゃべりのたね 4**

・わたしたちは、ほかの国に対して多かれ少なかれあるイメージを持っていて、初対面のときに話題にすることがあります。（例えばブラジル人にサッカーの話）それを学習者がどのように感じているか、聞いてみましょう。

**[文型]**

・～は～という意味です　・～のが～

**[表現]**

・どちら様ですか　・こちらこそ　・いいえ

## ●ユニット 2 いただきまーす

**[こんな活動です]**

どこの国でもだれにとっても食事は毎日の生活の中での大きな関心事のひとつと言えるでしょう。日本人はどんな食生活をしているのか、学習者の日本での食生活はどうか、国にいるときとどう変わったかについて話します。食事の内容だけでなくどこでだれと食べるかなどについても話しましょう。活動を通してお互いの国の食文化や、その背景にある社会事象について理解を深めてください。

**[用意しておこう]**　特にありません。

**[活動のヒント・ポイント]**

**おしゃべりのたね 1**

・朝ごはんについては「何を食べるか」、昼ごはんは「どこで食べるか」、晩ごはんは「だれと食べるか」を主な話題にします。

1）朝ごはん

・写真の朝ごはんのメニュー：［ごはん食］ごはん　味噌汁　焼き魚（鮭）　納豆　ほうれん草のおひたし　漬物　お茶　［パン食］パン　ベーコン　目玉焼き　サラダ　ヨーグルト　コーヒー

2）昼ごはん

・小、中学生の昼ごはんの場所は、例えば学校で食べる場合も教室で食べるか、食堂で食べるか、弁当か、給食か、など質問を広げましょう。

3）晩ごはん

・家族がそろって食事をするのはいつか、どんなときか、話しましょう。そろって食べられない理由も、話してください。

**おしゃべりのたね 2**

・食材、食事にかける時間、調理方法、食べる場所、食事を作る人など、国ではどうだったか、日本へ来て変わったか、聞きましょう。

**おしゃべりのたね 3**

1）ファーストフードのテイクアウト、スーパーやデパートの惣菜、屋台の持ち帰り、肉屋のコロッケなど、食卓にのせることがあるかどうか、話しましょう。

・どんなとき買うか、何がおいしいか、調理済み食品の利用についてどう思うか、なども話題にするといいでしょう。

**[文型]**

・～と～とどちらが～

・～ようになりました

**[表現]**

・いかがですか　・もうけっこうです

・十分いただきました

# ●ユニット 3 ちょっと買い物に

**[こんな活動です]**

安い店、品質のいい店、買うものによって‘ここ’と決めている店など、地域の店の情報を交換して、生活に役立てようというのがこのユニットの目的です。また外国人にも利用しやすい店のひとつとしてコンビニを取り上げました。品物の販売以外にどんなサービスをしているか、話しましょう。

**[用意しておこう]**

スーパーや生協等のちらし、買い物のレシート、割引券、ポイントカード、コンビニのサービスのパンフレット（長距離バス、ATM、公共料金の支払い）など

**[活動のヒント・ポイント]**

**おしゃべりのたね1**

・買い物に行く範囲の簡単な地図をかき、学習者とボランティアが共通に知っている店を書き込んで‘買い物マップ’を作ると楽しいでしょう。
・自分がよく行く店について、品ぞろえや営業時間、店員の態度など、気がついたことを情報交換しましょう。
・学習者は新聞を取っていない人も多く、折込ちらしを目にする機会がない人もいます。スーパーのちらしなどを見ながらお勧めの情報を提供してもいいでしょう。
・店舗形態をとらない販売方法について、学習者の国ではどんなものがあるか、また、そのいい点、よくない点は何かなど話を広げることもできます。

**おしゃべりのたね2**

・レシートがあれば、買い物した品目をいっしょに見てみましょう。より現実感のある活動になります。
・外国人同士の口コミで学習者のほうがよく知っている情報もあります。聞いてみてください。

**おしゃべりのたね3**

・グラフの中のサービスがどんなサービスだと思うか聞いてみましょう。
・グラフの中のサービスに関するパンフレットを見ながら、お互いのお勧めサービスを話しましょう。
・子ども110番の看板は地域によってマークが違います。

**[文型]**

・～という～　・～たばかりです
・～ようです

**[表現]**

・申し訳ございません　・はい、けっこうです

## ●ユニット 4 ジェスチャーで伝えよう

**[こんな活動です]**

身振り・手振り、表情といったいわゆるノン・バーバルコミュニケーションは、特に異文化間伝達では大きな役割を果たします。ことば（日本語）で苦労している学習者に「ことばがあまりわからなくても身振り・手振りでかなりコミュニケーションできるんだ」ということを実感してもらい、日本人とのコミュニケーションをより円滑にするための活動です。また、ジェスチャーの意味や国による違いを教え合って異文化への理解を深めてください。

**[用意しておこう]**　特にありません。

**[活動のヒント・ポイント]**

**おしゃべりのたね 1**

・実際にジェスチャーをしながら進めてください。

・「食べる」「飲む」などのジェスチャーはいろいろな国の人とやってみるとおもしろいでしょう。例えば、日本人は茶わんを持ってはしで食べるしぐさをしますが、はしを使わない国はどうでしょうか。ジェスチャーの違いを話題にしてください。「ジェスチャーゲーム」にしても楽しいでしょう。

1）「意味がわからない日本人のジェスチャー」は、ジェスチャーだけに限らず、学習者の目にとまった日本人のしぐさについて聞いてください。

2）おじぎはどのくらい頭を下げる？　畳に座ってするおじぎはどんなふうに？　握手はどちらから手を差し出す？　手を握る強さは？　など細かいところまで話を広げましょう。

3）同じジェスチャーで、学習者の国では違う意味になるジェスチャーがないかどうかも聞いてみるといいでしょう。例えば、日本人の熱いものに触れたときの動作（親指と人差し指で耳たぶをつまむ）は多くの国で「よく聞こえない」とか「聞け」の意味になります。

**おしゃべりのたね 2**

・誤解を招いたり、悪い印象を与えたりする動作、いい意味ではない動作について話してください。

・タイでは、頭は精霊の宿る大切な場所と信じられているので、他人の頭には触れないようにします。

**[文型]**

・～ほうがいいです
・～てはいけません
・～てあります

**[表現]**

・空いて（い）る
・しょうがないなあ

## ●ユニット 5 旅行大好き

**[こんな活動です]**

「旅行」は、話しやすく、楽しい話題です。これまでの旅行の経験や、これから行ってみたい所、学習者の国の観光地などについて話します。また、いろいろなタイプの旅行を紹介して、学習者の国と比較したり、自分の好みを話したりします。思い出話に花を咲かせたり、まだ見ぬ土地に思いをはせたり、大いにおしゃべりしてください。

**[用意しておこう]**

学習者の国の詳しい地図、パック旅行などのパンフレット、旅行の写真や思い出の品

**[活動のヒント・ポイント]**

**おしゃべりのたね 1**

・地図や写真を見ながら進めてください。その場所のイメージが膨らんで、より楽しい活動になります。

・日本国内を旅行したことのある学習者には、そのときの経験を聞いてみましょう。

**おしゃべりのたね 2**

・旅行に行けない理由は人それぞれですが、お互いに愚痴を言い合いましょう。旅行はあまり好きじゃないという人がいたら、理由をきいてみましょう。

**おしゃべりのたね 3**

・学習者の国の地図を見ながら、お勧めの場所を聞きます。交通手段や観光スポット、注意することなど、ボランティアが行くつもりになって学習者から情報を集めましょう。

・その国の人だからこそ知っている'いい所'を学習者に教えてもらいましょう。

・日本の有名観光地や、今住んでいる所から気軽に行ける観光地を紹介してもいいでしょう。

**おしゃべりのたね 4**

・日本で人気のある旅行

「ペット連れ旅行」ペットブームで増えてきました。ペットの温泉もあります。

「母と娘の旅行」子育てが一段落してからの母と娘の旅行が増えています。

「体験型ツアー」鐘をつく、座禅、修行、舞妓さんに変身など

「エコツアー」自然に親しむ、徒歩・自転車で移動する、ごみを回収するなど

「バス旅行」割安で気軽に行ける旅行

**[文型]**

・〜て、〜　・〜てみます

・〜し、〜し、〜

**[表現]**

・かまいません

## ●ユニット 6 ペットと暮らす

**[こんな活動です]**

ペットは最近特に、単に愛玩動物としてではなく、人間と深い関わりを持つことのできるよき友人、家族の一員として認められてきています。ペットを通じて人の輪が広がることもあります。ペットとの思い出や楽しいエピソードを語り合いましょう。また、ペットと人間の関わりや、ペットを飼うとき、注意することについても考えてみます。ペットを飼っていない人、飼ったことがない人でも活動できます。

**[用意しておこう]**

あれば、今飼っている、あるいは昔飼っていたペットの写真

**[活動のヒント・ポイント]**

**おしゃべりのたね 1**

・「好きな動物」はペットに限らず、どんな動物でもかまいません。
・動物は好きだけどペットは嫌いだという人もいます。その場合は嫌いな理由を聞いてみましょう。
・ペットは動物保護施設や保健所などで、捨てられたペットをもらってくることもできます。
・ペットを飼っていなくても、よく知っているペット（近所、友達のペットなど）がいれば、そのペットについて話してください。
・「もし、飼うなら」は、飼えるかどうかに関係なく、「飼いたい動物」を言ってもかまいません。理由も聞いてみましょう。
・イスラム圏の人は犬を飼いません。

**おしゃべりのたね 2**

・ペットの写真があれば、見せながら話しましょう。

**おしゃべりのたね 3**

・ペットの効用には、次のようなものがあると言われています。
　1．社会性　話題提供による会話促進
　2．精神的作用　癒しなど　　3．身体的作用　運動になる
　そのほか子どもへの教育効果、防犯効果があると言われています。
・「こんなとき、どうしますか」ではペットのホテルやペットの病院、ペットのお墓などに話を広げてもおもしろいでしょう。
　〔参考〕ペット飼育のいいところや問題点については
　　『動物愛護に関する世論調査』「ペットの飼育に関する意識について」
　　http://www8.cao.go.jp/survey/h22/h22-doubutu/index.html

**[文型]**

・～んです　・～てしまいました

**[表現]**

・いいです、いいです　・気にしないでください

# ●ユニット 7 お元気ですか

**[こんな活動です]**

日本で生活する外国人は、国にいるときとはまた違ったさまざまなストレスを感じているのではないでしょうか。毎日の生活をここでちょっと振り返って、どんなことがストレスになっているのかチェックしてみようという活動です。そして、ストレス解消法を教え合って、実際にやってみましょう。このユニットで'ストレスを話す'ことも、ストレス解消に役立つと思います。

**[用意しておこう]**

ボランティアが実行している健康法や紹介したい健康法のグッズ（指圧の本・磁気ネックレス・エクササイズ用品·お茶など）

**[活動のヒント・ポイント]**

**おしゃべりのたね 1**

・「健康チェック」はひとつの話題として取り上げました。健康状態を実際に判定するものではありません。

・チェックするだけでなく、何本ぐらいたばこを吸うか、ベッドに入ってから眠るまで何分ぐらいかかるかなど、話を広げましょう。

**おしゃべりのたね 2**

・学習者の悩みやストレスを聞いて、いい改善策や解消法があれば、話してください。

・「大変なことばかりだと思っていたが、案外いいこともある」と気がついてもらうために、日本へ来ていいことも聞いてみてください。

**おしゃべりのたね 3**

・実行している（したことがある）健康法・ストレス解消法の効果の有無、成功・失敗の経験なども話しましょう。

・テレビや雑誌などで話題になっている健康法や美容法などを話してもいいでしょう。

**[文型]**

・～ようにしています

・～ほうがいいです

**[表現]**

・大丈夫ですか

・お大事に

## ●ユニット 8 春は桜　秋はもみじ

**[こんな活動です]**

季節と生活の結びつき、生活の中の季節感について話す活動です。日本人の季節感を伝え、学習者に日本の四季を楽しんでもらいたいと思います。学習者には日本の四季に対する印象や自分の国の季節の楽しみや思い出を話してもらいます。

**[用意しておこう]**

四季折々の衣食住や行事の写真など
住んでいる所の１年の最高気温、最低気温を調べておく。

**[活動のヒント・ポイント]**

**おしゃべりのたね１**

・絵のことば（つばめ、こたつなど）を知っているか聞いてください。わからなければ、教えます。
・絵以外に、季節の風物、食べ物など知っているものがあるか聞きましょう。ボランティアからも、学習者が目にしたり、聞いたりしそうなことを紹介してください。
例）「うなぎ」「花粉症」「赤とんぼ」「みかん」「そうめん」

**おしゃべりのたね２**

・地域により季節が２つ（雨期と乾期）の国、季節の区切りがはっきりしない国などがあります。季節のカレンダーに書いてもらってください。
・平均気温のグラフは札幌・東京・那覇のものですが、できれば、今住んでいる地域の最高気温、最低気温を調べて、学習者の国と比べましょう。

（参考）

| | | | | |
|---|---|---|---|---|
| 最高気温（８月） | 札幌 26.4℃ | 東京 31.1℃ | 大阪 33.4℃ | 那覇 31.5℃ |
| 最低気温（１月） | 札幌 −7℃ | 東京 2.5℃ | 大阪 2.8℃ | 那覇 14.6℃ |

（1981年～2010年の平年値）

**おしゃべりのたね３**

・結婚式が多い…日本は統計では11月です。

**[文型]**

・～と、～
・～そうです

**[表現]**

・よく降りますね

# ●ユニット 9 何を食べようかな

**[こんな活動です]**

日本人は、伝統的な日本料理に加え、世界各国の多種多様な料理を日常的に食べるようになりました。学習者は日本の料理に親しんでいるでしょうか。ここでは日本のいろいろな料理と学習者の国の料理を話題にして、味付けや好き嫌い、作り方などを話します。この活動を通して、食べる楽しみが増え、作る料理のレパートリーが広がればと思います。

**[用意しておこう]** 市販のカレールウの箱
料理の本（写真の多いものがよい）

**[活動のヒント・ポイント]**

**おしゃべりのたね 1**

・学習者が日本の料理をどのくらい知っているか、どんな感想を持っているか聞いてください。
・日本料理を食べない学習者もいるかもしれません。理由を聞いてみましょう。

**おしゃべりのたね 2**

・カレーは日本の家庭料理の代表と言えるでしょう。家庭だけでなく学校給食や野外料理でも、またお年寄りから子どもまで各世代に人気があります。その理由をいっしょに考えてください。次のようなことが考えられます。おいしい（日本料理にない辛さ・香り）、作り方が簡単、カレールウさえあれば材料は何でもいい、一度にたくさん作れる、スプーンだけで食べられる、ごはんといっしょに食べたらおいしい、食事の後の洗い物が少ない、など。
・「あなたのうちの家庭料理」はできれば作り方を説明してもらいましょう。次のページの‘カレーライスを作ろう’を参考にしてください。
・ボランティアが手伝って、活動ノートに作り方を書いておきましょう。絵や簡単な文でレシピを作っておけば、教室の外でも得意料理を紹介することができます。

**[文型]**

・～のような［例示］
・～にします

**[表現]**

・お勧めは何ですか
・苦手なんです
・お勘定、お願いします

# ●ユニット10　日本の生活　高い？安い？

**[こんな活動です]**

物価高の日本で生活する学習者にとって、何にどのくらいお金がかかるのかといった生活費の問題は切実です。国にいたときと比べて、経済状況が大きく変わることもあるでしょう。お金の話は避けられがちですが、プライバシーに配慮しつつ、やりくりの苦労やお金の使い方などざっくばらんに話してください。また、日本で安く楽しく暮らす工夫を、地域の情報なども交えて話しましょう。

**[用意しておこう]**　スーパーのちらし、市や町の広報誌、コミュニティー情報誌など（イベントやスポーツ教室、各種講座などの情報が載っているもの）

**[活動のヒント・ポイント]**

**おしゃべりのたね 1**

・スーパーのちらしを見ながら表に値段を書きます。
・表の品目は自由に変更・追加してください。
・表の品目は学習者の国ではいくらぐらいか聞いてみましょう。また、教室にほかの国の学習者がいれば、聞きましょう。お金の単位はその国の単位と日本円換算の両方を書きます。そうすれば日本との比較だけでなく、その国での比較（例えば、卵10個と牛乳１ℓは同じ値段だなど）もできます。
・ハンバーガー（ビッグマック）はスーパーの品目ではありませんが、多くの国で販売されているので比較しやすいでしょう。
・ボランティアが外国生活の経験があれば、そのときの現地の物価について話すのもいいでしょう。
・テキストの絵を見ながら物価について話しますが、「日本は日用品が高い」というような一般論ではなく、「トイレットペーパーは安い」など、学習者が毎日の生活で実感している‘高い、安い’を聞いてください。

**おしゃべりのたね 2**

・収入源やお金の使い方の話題は、プライバシーに十分配慮してください。
・生活費で何にどれくらいかかるかは、テキストの生活費の項目のほかにも、学校の授業料や出産費用、ガソリン代などいろいろ話しましょう。

**おしゃべりのたね 3**

・地域の公共施設では住民のためのいろいろなイベントや各種教室が開かれていますが、外国人住民には情報が届いていないかもしれません。広報誌などを準備して、情報を提供しましょう。

**[文型]**

・～ために、～
・～（の）に［目的］
・～（よ）うと思っています

**[表現]**

・どこか安い店、ありませんか

# ●ユニット 11 みんなのスポーツ

**[こんな活動です]**

スポーツは、世界のどこでも人々の楽しみであり、共通の話題です。このユニットでは、スポーツの経験やお互いの国のスポーツ事情、伝統的なスポーツについて話します。スポーツは、また、ことばが十分にわからなくても、する楽しさ、見る楽しさを共有し、一体感を持つことができます。学習者が日本人と交流するきっかけを作りましょう。

**[用意しておこう]** 地域の市民参加のスポーツ大会（マラソン大会、子どもの野球大会など）の情報や、地域のスポーツクラブの情報を調べておく。

**[活動のヒント・ポイント]**

**おしゃべりのたね 1**

・スポーツの経験がある場合は、何年ぐらいやっていたか、強かったか、大会などに出たかなど、心に残っている思い出を話しましょう。

・本格的なスポーツではなくても、軽い運動や散歩など、健康のために体を動かしているかどうか、聞きましょう。

・「やってみたいスポーツ」は、実現が難しいスポーツでもかまいません。いろいろなスポーツの名前を挙げて、聞いてみてください。

**おしゃべりのたね 2**

・表は人気のあるスポーツ（テレビ観戦）です。フィギュアスケートは女性に人気があります。

・今話題になっているスポーツイベント（オリンピックやワールドカップ）があれば、取り上げましょう。

**おしゃべりのたね 3**

・相撲は、ルールが簡単で、勝負がつくのも早いので、外国の人にもわかりやすいスポーツです。テレビの放映を紹介しましょう。

・テレビを見てから、59ページの『はっけよい、のこった！』をやれば、より興味が深まると思います。
「はっけよい」は、相撲で行司が動きの止まった両力士にかける声で、正式には「はっきよい」です。

・世界各地に日本の伝統スポーツとよく似たスポーツがあります。学習者の国にあるかどうか聞いてみてください。
　相撲：ブフ（モンゴル）シルム（韓国）ヤール・ギュレシ（トルコ）

・今活躍している外国人力士の名前を調べておくとよいでしょう。

**[文型]**

・～ています
・～てみます
・命令形

**[表現]**

・やったー！

# ●ユニット12 仕事、がんばります

**[こんな活動です]**

まず、いろいろな職業名を知り、子どものとき将来やりたかった仕事や、仕事の夢について話します。さらに、仕事の苦労や楽しみなど、仕事での経験をお互いに話し合いましょう。日本で働いている外国人は日本の労働慣行に戸惑ったり、違和感を感じたりしているのではないでしょうか。どこが違うのか、いっしょに気持ちよく仕事をするには何が大切かも考えてみましょう。

**[用意しておこう]** 特にありません。

**[活動のヒント・ポイント]**

**おしゃべりのたね1**

・答えは1つとは限りません。Aには①②⑧⑨⑩が考えられます。また⑨コックはAにもBにもHにも当てはまります。
・やってみたい仕事については、具体的な話でも「夢」でもかまいません。
・絵の6つの仕事は伝統的な仕事や最近増えてきた仕事です。
「布団乾燥業」：保育園、高齢者から需要があります。自治体がサービスしているところもあります。
「占い師」：どんな占いがあるか（手相、星占い…）聞いてみましょう。
「トリマー」：訓練士やブリーダーなどペットにかかわるほかの仕事も聞いてみましょう。
「結婚仲介業」：どんな方法で相談するか聞いてみましょう。

**おしゃべりのたね2**

・学習者は日本と自国で働いた経験、ボランティアも自分の経験を話してください。苦労話、成功話、転職経験などもいいでしょう。
・自分の仕事について話したくないという人もいるかもしれません。その場合は、日本と学習者の国の労働慣習や労働条件の違いなど、一般的な話をするといいでしょう。

**[文型]**

・～は／が ～に～（さ）せられます［使役受身］
・可能動詞

**[表現]**

・うまくいった？
・なんとかなるよ

# ●ユニット 13 わたしの町は日本一

**[こんな活動です]**

日本は小さい国ですが、地域によって気候や人々の生活はさまざまです。このユニットでは、自分のふるさとのよさを語り、また、今住んでいるところの特色や住み心地について話します。自分の町のことをもっと知れば、その町に愛着もわいてくるでしょう。地域のボランティアならではの「お国自慢」を学習者に披露してください。

**[用意しておこう]**

住んでいる所を紹介するパンフレット（自治体が発行しているPRパンフレット、県や町のホームページなども参考にしてください。）

住んでいる県の日本一を調べておく。

**[活動のヒント・ポイント]**

**おしゃべりのたね 1**

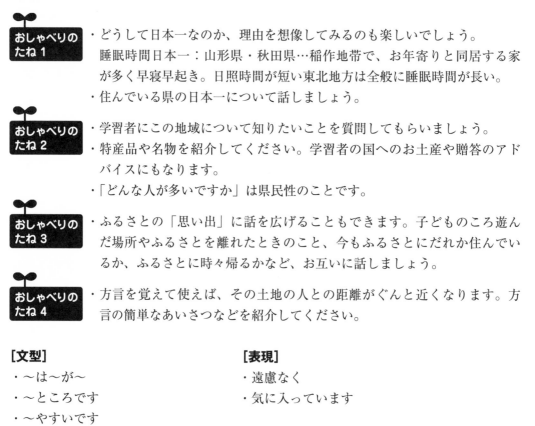

・どうして日本一なのか、理由を想像してみるのも楽しいでしょう。
睡眠時間日本一：山形県・秋田県…稲作地帯で、お年寄りと同居する家が多く早寝早起き。日照時間が短い東北地方は全般に睡眠時間が長い。

・住んでいる県の日本一について話しましょう。

**おしゃべりのたね 2**

・学習者にこの地域について知りたいことを質問してもらいましょう。

・特産品や名物を紹介してください。学習者の国へのお土産や贈答のアドバイスにもなります。

・「どんな人が多いですか」は県民性のことです。

**おしゃべりのたね 3**

・ふるさとの「思い出」に話を広げることもできます。子どものころ遊んだ場所やふるさとを離れたときのこと、今もふるさとにだれか住んでいるか、ふるさとに時々帰るかなど、お互いに話しましょう。

**おしゃべりのたね 4**

・方言を覚えて使えば、その土地の人との距離がぐんと近くなります。方言の簡単なあいさつなどを紹介してください。

**[文型]**

・～は～が～
・～ところです
・～やすいです

**[表現]**

・遠慮なく
・気に入っています

## ●ユニット 14 ケータイ、持った?

**[こんな活動です]**

携帯電話をコミュニケーションのツールとしてどのように使っているか話しましょう。また、電話やメール以外の携帯電話の機能の活用法について情報交換しましょう。携帯電話は便利な半面、問題点もあります。それらの問題点についても考えてみてください。

**[用意しておこう]** 自分の携帯電話

**[活動のヒント・ポイント]**

**おしゃべりのたね 1**

・お互いの携帯電話を見せながら話しましょう。
・今まででいちばん長い通話時間は何時間だったか、それはどんなときで相手はだれだったか、1日のメール回数がいちばん多かったときの回数なども聞いてみましょう。
・電話とメールと、どちらを多く使うか、その主な理由は
電話派　：その場で返事がもらえるので、待たなくてよいから。仕事だから。
メール派：相手の都合をあまり考えなくてよいから。簡単だから。気軽。
・学習者の国では電話とメールと、どちらを使う人が多いか聞いてください。

**おしゃべりのたね 2**

・お互いの携帯電話にどんな機能があるか確かめてみましょう。
・学習者に辞書機能の使い方を聞いてみましょう。
・携帯電話に保存してある写真をお互いに見せ合うのも楽しいでしょう。
・情報の例：乗換案内・天気予報・ニュースなど
・SNSの例：ツイッター・フェイスブックなど（複数の人とのコミュニケーション）
・テレビ電話：スカイプなど（無料で海外に電話がかけられます。これを利用しているか、よく家族に電話するか聞いてみましょう。）

**おしゃべりのたね 3**

・嫌なことの例：チェーンメールやいたずらメールなど。

**おしゃべりのたね 4**

1）・携帯電話を禁止する電車内のアナウンスを聞いたことがあるか、聞きましょう。学習者の国でも同じようなアナウンスがあるか、聞いてみてください。
・携帯禁止マークは、どこで見たかも聞きましょう。
・3枚の絵から、‘してはいけないこと’、‘使ってはいけない場所’を話題にします。

2）・子どもの安全のため、親が持たせる場合もあります。子どもがどこにいるかチェックできる電話（GPS機能）もあります。学習者の国でそのようなことがあるか、聞いてみましょう。
・条件付きで賛成という人は、その条件も話しましょう。

**[文型]**

・〜てしまいました
・〜し、〜し、〜

**[表現]**

・〜と申しますが　・少々お待ちください

# ●ユニット 15 結婚いろいろ

**[こんな活動です]**

さまざまなデータを見ながら、結婚相手との出会いのきっかけや、結婚相手の条件、結婚生活のメリット、デメリットなど「現代結婚事情」について話します。楽しい恋愛経験や、結婚の夢、あるいは結婚の現実を話すことは、今までを振り返り、将来を考えることにもなります。また、結婚の形態の多様性や結婚に対する考え方の違いを知るのも、このユニットの目的のひとつです。

**[用意しておこう]**　あれば自分の結婚式の写真や、恋人の写真

**[活動のヒント・ポイント]**

**おしゃべりのたね 1**

・学習者の中には結婚について複雑な事情を抱えている人もいるかもしれません。話したくないこともあるかもしれません。プライバシーには十分配慮して進めてください。あまり個人的なことを話したくない場合は、テキストのクイズをしながら一般論を話してもらえばいいでしょう。

・結婚している人には「相手の第一印象は？」「プロポーズはどこで、どちらから？」「新婚旅行はどこへ？」など、楽しい質問を考えてください。学習者からボランティアへも質問してもらいますが、難しければ‘インタビューシート’を準備しておいて、学習者にインタビュアーになってもらうというのも楽しいでしょう。

**おしゃべりのたね 2**

・『第13回出生動向基本調査（2005年）』によると
結婚の利点：精神的な安らぎ・子どもや家族が持てる・愛情を感じている人と暮らせる・社会的信用が得られる・親や周囲の期待に応えられる・経済的に余裕が持てる・生活上便利になる　など
独身の利点：行動や生き方が自由・金銭的に裕福・家族扶養の責任がなく気楽・広い友人関係を保ちやすい　など

**おしゃべりのたね 3**

・意見を言うのはかなり日本語力が必要かもしれません。難しければ、賛成か反対かだけでもかまいません。

**[文型]**

・～ことになりました
・～ないで、～

**[表現]**

・喜んで

## ●ユニット 16 大変だったね

**[こんな活動です]**

ちょっとした失敗から大きな災害まで、人生にはいろいろな出来事があります。特に異文化の中で生活している学習者は、文化の違いゆえの失敗もあるでしょう。学習者とボランティアがお互いに自分の体験を話し、共感を持って相手の話を聞くことがこのユニットの目的です。苦労話に耳を傾けて「大変だったね」と自然に応えれば、相手は話してよかったと思うでしょう。失敗が笑い話にもなります。心を開いて話せる関係を作るきっかけにしてください。

**[用意しておこう]**　自治体が発行している多言語の防災パンフレット

**[活動のヒント・ポイント]**

**おしゃべりのたね 1**

・犯罪や事故の例：「自転車をとられた」「財布をすられた」「車／自転車をぶつけた」「電車の中で痴漢にあった」「泥棒に入られた」「交通事故にあった」

・ボランティアが経験談を話すときは深刻な話は避けるほうがいいでしょう。

・聞き手は「どうしたんですか？」「えー、それで？」「大変でしたね」などの表現を使って相手が話を続けやすいようにしましょう。

・「考えましょう」では実際に自分のかばんの中身を見て、もしとられたらどうすればいいか考えておくと、役に立つでしょう。

**おしゃべりのたね 2**

・学習者の国の病院と日本の病院の違いも聞いてみてください。

**おしゃべりのたね 3**

・クイズの絵：Aドアを開けて逃げ道を確保する。B割れたガラスなどでけがをしないように、スリッパや靴をはく。Cまず自分の身を守る。D地震の揺れが収まってから、火を消す。

・災害に対する備えは、絵にある非常持ち出し袋以外に、家具の転倒防止、避難場所・家族との連絡方法の確認などがあります。

〔参考〕総務省消防庁　平成20年度 防災学習DVDビデオ『地震だ！その時どうする？』http://www.fdma.go.jp/html/life/sinsai_taisaku/sinsai_pv.html

**おしゃべりのたね 4**

・ボランティアも外国での失敗談があれば話してください。

・失敗談があまり出ない、あるいは学習者が失敗を話したくない場合は、テキストの絵を見て、どんな失敗か聞いてください。

**[文型]**

・～（ら）れます［受身］

・～ので、～

・～ていただけませんか

**[表現]**

・助かりました

・おかげさまで、たいしたことはありませんでした

## ●ユニット17 祭りだ わっしょい！

**[こんな活動です]**

祭りは世界各国にあり、その国の文化の源流を見ることができます。お互いの国の祭りを話題にすることで異文化への理解を深めましょう。また最近は参加型の祭りのイベントがあちこちに生まれています。学習者が興味を持って参加できるように、身近な町の祭りやイベントを紹介してください。

**[用意しておこう]** 祭りの写真、学習者の国の祭りの写真
住んでいる所の祭りの情報を集めておく。

**[活動のヒント・ポイント]**

**おしゃべりのたね 1**

・神輿は祭りのときに神体を入れて担ぐもの（こし）です。
・学習者の国の有名な祭りは、「たね２」での話と重なるようであれば、ここでは、簡単に聞くだけでいいでしょう。

**おしゃべりのたね 2**

・学習者のふるさとの町や村の祭りについて聞いてください。
・祭りの服装や楽器は絵を描いてもらうとよいでしょう。
・音楽や歌、踊りなどは、実際に歌ったり踊ったりしてもらうと楽しい活動になります。
・学習者にふるさとの祭りについて話してもらったあと、今度はボランティアが学習者の質問に答えて、自分のふるさとの祭りについて話しましょう。ボランティアのふるさとが今住んでいる町の場合は、そのまま「たね３」に進んでください。「たね３」で住んでいる町の祭りについて話すようになっています。

**おしゃべりのたね 3**

・「たね２」の質問を参考に、学習者から同じような質問をしてもらいます。
・祭りの写真や資料があれば、見ながら話しましょう。
・祭りの由来などを説明するのもいいでしょう。
・昔からの祭りだけではなく、地域のイベントとしての祭りも紹介してください。

**[文型]**

・～ておきます
・～かどうか、～
・～てみます

**[表現]**

・よかったら
・楽しみにしています

## ●ユニット 18 楽しく　日本語

**[こんな活動です]**

学習者に合った日本語勉強法を考えます。学習者が毎日の生活の中でどのように日本語を覚えているか、その工夫を話してもらい、それを合理的な勉強法として意識化することで、さらに日本語学習へのモチベーションを高めるのがねらいです。そのうえで2つの勉強法を提案しています。

**[用意しておこう]**　辞書（日本語⇔学習者の国の言語　「たね１」で使う）

**[活動のヒント・ポイント]**

**おしゃべりのたね 1**

1）・連想によってことばを増やしていく方法です。ボランティアがどんどんことばを言わないようにしてください。学習者が連想したことばを日本語で言うのを手伝いましょう。辞書を使ってもいいです。

2）・学習者が問題を考える時間をとってください。
・ことばの範囲を限定したほうがやりやすいでしょう。（例：動物、部屋の中にあるものなど）

**おしゃべりのたね 2**

・ボランティアが外国語を勉強した経験があれば、そのときの工夫や勉強法を話すのもいいでしょう。

**おしゃべりのたね 3**

1）・目標を決めて日記をつけることは目的を意識し、過程を確認し、モチベーションを持続させるのに有効です。すぐに目標を思いつかなければ、仮の目標を考えてください。
（例：試験を受ける、新聞を読むなど）

2）・好きなことをしていると、日本語を自然に覚えることができます。方法を学習者といっしょに考えて、書いてください。
・学習者の好きなことが直接的に日本語を使ってすることでなくても、関連の記事を読むとか、関連の用語を覚えるなど、日本語学習に結びつける方法をアドバイスしましょう。
・番組：手話ニュース・日本語の講座・クイズ番組・アニメなど。

**[文型]**

・～ようにしています
・～のに、～

**[表現]**

・いえいえ、まだまだです
・すごいですね
・いえ、それほどでも

# ●ユニット19 女と男―仕事と役割

**[こんな活動です]**

男女の性別役割分担がテーマです。女性の社会進出が進んでいるのは世界的な傾向ですが、国によって違いがあります。日本で生活する学習者は国との違いをどう感じているでしょうか。ここでは仕事の男女による区別や家事分担など、身近な話題で話し合ってください。相手の考えを尊重しつつ話を進めましょう。

**[用意しておこう]**　特にありません。

**[活動のヒント・ポイント]**

**おしゃべりのたね1**

・「多い、少ない」は自分の持っている'印象'でかまいません。
・表以外の職業についても、気がついたことがないか、聞いてみましょう。
・「女性のほうがいいか、男性のほうがいいか」の質問は、自分なら（自分が当事者なら）どうか、考えてください。

**おしゃべりのたね2**

・グラフから読み取れることを話し合ってください。学習者の国と比較してどうか、自分の家庭ではどうか、話しましょう。
・家事・育児の役割分担、家庭内での決定権については、学習者、ボランティアの経験に照らして、より具体的な話をしましょう。例えば

　　食事のしたく→いつも食事を作る人が病気のときは？
　　掃除→ふろ掃除はだれ？
　　子どもの勉強を見るのはだれ？　など

・「してほしいこと」は結婚していない人も、結婚したら何をしてほしいか、言いましょう。

**おしゃべりのたね3**

・学習者とボランティアがそれぞれ「妻」「夫」「友達」になったつもりでせりふを考えます。
・できれば国や性別、年代の違ういろいろな人とやってみましょう。お互いの考え方を尊重して、楽しく話してください。

**[文型]**

・～てほしいです
・～ので、～

**[表現]**

・いつもお世話になっています
・失礼します

## ●ユニット 20 ごみを減らそう

**[こんな活動です]**

ごみの分別は地域社会のルールですが、分別のしかたは地域によってさまざまで、外国人住民にとっては分別方法がわかりにくく、トラブルになることも多いようです。また国や地域によっては分別収集が徹底していない所もあり、戸惑う人もいます。トラブルを防ぎ、気持ちよく暮らすためにごみ出しのルールを知ってもらうためのユニットです。またごみの減量について考え、「環境保護」への関心、意識を高めましょう。

**[用意しておこう]**

ごみの分別収集のパンフレット、ごみ減量啓発のパンフレット（いずれも市役所や環境事業局などでもらえます。なるべく、絵が多いほうがいい。）

**[活動のヒントとポイント]**

**おしゃべりのたね 1**

・ごみの絵の番号を、住んでいる地域のごみ分別収集のパンフレットを見ながら、学習者といっしょにテキストの表に書き入れていきます。今まで捨てるのに困ったものはないか、聞いてみましょう。

**おしゃべりのたね 2**

・まず絵を見ながら、収集されたごみがどこへ行くのか、話し合ってください。

**おしゃべりのたね 3**

・ごみを減らす方法は、ごみ減量啓発パンフレットなどを見ながら、いっしょに考えましょう。

・2）①～④は「ごみ減量の４Ｒ」と言われているものです。

① Refuse（リフューズ＝ごみになるものを家庭に持ち込まない）
レジ袋や過剰包装を断る、安いからといって必要以上に買わないなど。

② Reduce（リデュース＝ごみになるものは買う量・使う量を減らす）
詰め替え用を買う、生ごみは水を切って出すなど。

③ Reuse（リユース＝再利用）
フリーマーケットやリサイクルショップを利用する、レンタル品を使うなど。

④ Recycle（リサイクル=再資源化）
空き缶、空き瓶などを分別して出すなど。

・①は「自分や家族が必要だと思って、あるいは安いから買ったけど、使わなかったもの」「持っているけれど使っていないもの」をお互いに話すのもいいでしょう。

**[文型]**

・～ようにします
・～ています［状態］

**[表現]**

・あっ、そうなんですか
・これから気をつけます

# 2.

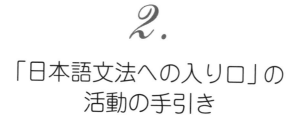

# 「日本語文法への入り口」の活動の手引き

## 1．ことばのグループ

**[こんな活動です]**

日本語の「品詞」について学びます。ここでは「動詞」「名詞」「い形容詞」「な形容詞」を取り上げ、それぞれの現在、過去、肯定、否定の形がどのようになっているか、整理します。

**[活動のヒント・ポイント]**

・日本語文法を学ぶとき、少なくとも「動詞」「名詞」「い形容詞」「な形容詞」という品詞名は知っているほうが便利なので、学習者にもできれば覚えてもらいましょう。

・各品詞別に、テキストに書いてあることば以外に、学習者の知っていることばを言ってもらうといいでしょう。

・日本語文法では形容詞を２種類に分け、「い形容詞」「な形容詞」と呼んでいます。「い形容詞」はことばの最後が「－い」になるもの、「な形容詞」はあとに名詞が続くとき「－な」の形になるものです。例えば‘元気’は‘元気な子ども’と言いますから「な形容詞」、‘きれい’も‘きれいな花’で「な形容詞」です。‘きれい’‘嫌い’などは「い形容詞」とまちがえやすいので気をつけてください。

・日本語の名詞文、動詞文、形容詞文は、それぞれ現在、過去、肯定、否定を表すとき、決まった形があります。学習者といっしょにテキストの表を見て、形を確認してください。

・い形容詞文の否定は「暑くないです」と「暑くありません」の２つの言い方がありますが、このテキストでは「暑くないです」を採用しています。

## 2．動詞のグループ

**[こんな活動です]**

日本語の動詞は形の変化（活用）のしかたによって３つのグループに分かれます。動詞が、どのグループに属するかを見分ける方法を学びます。

**[活動のヒント・ポイント]**

・日本語文法では、動詞を活用のしかたによって３つのグループに分け、それぞれⅠグループ、Ⅱグループ、Ⅲグループと呼んでいます。学習者にもこの呼び方を覚えてもらうと、文法の話をするとき、便利です。

・動詞の形がどのように変化するかを知るためには、その動詞がどのグループかがわかっていなければなりません。
動詞のグループの見分け方はテキストにある通り、「－ます」の前の音が「イ」ならⅠグループ、「エ」ならⅡグループです。このルールを学習者に覚えてもらいましょう。

ｙｏｍｉｍａｓｕ／ｋａｋｉｍａｓｕ　　Ⅰグループ
ｔａｂｅｍａｓｕ／ｓｈｉｍｅｍａｓｕ　　Ⅱグループ

ただし、Ⅱグループの中に例外の動詞（-ｉｍａｓｕだけれどⅡグループ）があります。学習者は例外かどうかの見分けはつきませんから、これらの動詞は覚えなければなりませんが、この活動の中ではそのことに言及していません。121ページにいくつか例外の動詞を載せていますので見てください。

・練習は、学習者といっしょに声を出して言いながらやってみましょう。ほかにも学習者の知っている動詞を言ってもらい、グループ分けしてみましょう。

## 3．動詞の形

**[こんな活動です]**

日本語の初級レベルでは、動詞の変化のルールと、その文型でどの活用形が使われるかを覚えることが大切な学習項目のひとつです。ここではその第一歩として、文の中で動詞がいろいろな形に変化していることに注意を向け、その活用形の名前を知ります。

**[活動のヒント・ポイント]**

・まず、テキストにある3つの動詞「書きます」「食べます」「洗濯します」を形を変えて下線の部分に入れてもらいます。学習者がわからなかったり、まちがえたりした場合はボランティアがやってください。ここは動詞がいろいろな形に変わることに注目してもらうのがねらいです。

・次に、それらの形（‘活用形’あるいは‘フォーム’と言います）には名前がついていることを知ってもらいます。

・テキストにある3つの活用形以外にも活用形があります。122ページの資料を見ながら練習してみてください。ふだん意識せずに聞いたり話したりしている日本語―ここでは動詞文を‘活用形’という視点から見る練習です。

・活用形の作り方はここでは取り上げていません。学習者が興味があるようなら、巻末の活用表を見ながら説明してください。

Ⅰグループ：いわゆる五段動詞
例：書きます　書かない　書く　書けば　書こう
Ⅱグループ：いわゆる一段動詞
例：食べます　食べない　食べる　食べれば　食べよう
Ⅲグループ：いわゆる不規則動詞
「する」と「来る」の2つだけなので活用形はそれぞれそのまま覚えてもらいます。

## 4．丁寧な言い方と普通の言い方

**[こんな活動です]**

日本語には「です・ます」で話す丁寧な言い方（丁寧体）と、友達などと話すときに使うくだけた言い方（普通体）があります。一般的な日本語のテキストはほとんど丁寧体で書かれていますが、ふだんは普通体で話すことも多いです。

ここでは日本語の話しことばのスタイルは2つあって、相手や場所によって使い分けていることを知ってもらいます。

**[活動のヒント・ポイント]**

・ボランティアがテキストのせりふを読んで（丁寧体と普通体で）、どちらが友達と話していると思うか聞いてみてください。

・ふだんの生活の中で、どちらをよく耳にするか、あるいはどんなところでどんな言い方をしているか、学習者に聞いてみるのもいいでしょう。

・練習は丁寧体を普通体に言い換えるようになっていますが、学習者によってはふだんの生活の中で普通体での会話が身についている人もいます。その場合は反対に普通体を丁寧体に言い換える練習をしてみましょう。